KB052526

ИССЛЕДОВАНИЕ СОВРЕМЕННЫХ РУССКОЯЗЫЧНЫХ КОРЕЙЦЕВ 13

Сахалин : Территория Принудительной Мобилизации

Дин Юлия Ивановна

Кандидат исторических наук
Заведующий научно-редакционным отделом
Сахалинского областного краеведческого музея

ИССЛЕДОВАНИЕ СОВРЕМЕННЫХ РУССКОЯЗЫЧНЫХ КОРЕЙЦЕВ 13

Сахалин : Территория Принудительной Мобилизации

First published 2022. 2. 18.

First paperback edition 2022. 2. 25.

Author	Дин Юлия Ивановна
Publisher	Yoon Gwanbaek
Publishing House	도서출판 선인

Business registration number   # 5-77 (1998.11.4)

Address	1, Nambusunhwan-ro 48-gil, Yangcheon-gu, Seoul, Republic of Korea
Phone	+82-2-718-6252/6257
Fax	+82-2-718-6253
E-mail	sunin72@chol.com

₩ 25,000

ISBN 979-11-6068-689-0 94900
ISBN 979-11-6068-676-0 (set number)

This work was supported by the Program for studies of Koreans abroad through the Ministry of Education of the Republic of Korea and Korean Studies Promotion Service of the Academy of Korean Studies (AKS-2016-SRK-1230003)

Корейский институт международных отношений университета Донгук Исследовательские книг 20

Центр исследований человека и будущего университета Донгук Исследовательские книг 18

ИССЛЕДОВАНИЕ СОВРЕМЕННЫХ РУССКОЯЗЫЧНЫХ КОРЕЙЦЕВ 13

Сахалин : Территория Принудительной Мобилизации

Дин Юлия Ивановна

도서출판 선인

Предисловие

Настоящее исследование – результат трёхлетней работы, проведённой при поддержке Академии корееведения, в 2016 г. утвердившей данный проект в рамках секции «Планирование исследований в отдельных областях корееведения. Исследования зарубежных корейцев». В данной работе была предпринята попытка всесторонне рассмотреть, где и как живут корейцы России и стран Центральной Азии.

Более 160 лет назад корейцы, спасаясь от бедности и произвола местных чиновников, стали переселяться в приморские области России, переходя через реку Туманган (Туманная). Ныне живущие корёины (корё-сарам) – потомки этих переселенцев в четвёртом, пятом и даже шестом и седьмом поколениях. Первыми через Туманган переправились всего 13 дворов, чуть больше сорока человек, сейчас же диаспора корёинов насчитывает более 500 тысяч человек.

Сообщество корёинов, сформировавшее собственную идентичность как граждан Советского Союза, после распада СССР столкнулось с масштабным кризисом, когда страна оказалась разделена на 15 государств, а бывшие граждане СССР стали гражданами России, Казахстана, Узбекистана и так далее. Условия жизни в процессе перехода от социалистического общественного уклада к капиталистическому значительно изменились. Корёинам необходимо было приспособиться к новым реалиям независимых государств и изменившегося общества. Распад СССР породил масштабную этническую миграцию. Корёины оставляли позади колхозы и городские предприятия, с которыми привыкли себя ассоциировать, и отправлялись на поиски новой жизни.

Это было тяжёлое для всех время. Россия, страна-приемник распавшегося Советского Союза, вскоре объявила технический дефолт, российская экономика оказалась в затяжной рецессии. В независимых странах Центральной Азии начала подниматься волна национализма. Это время особенно тяжелым стало для корёинов, которые не были исконными жителями этих земель. Холодная война закончилась, но её влияние всё ещё ощущалось, поэтому рассчитывать на достаточную помощь от исторической родины также не приходилось.

Но перемены и трудности могут открывать и новые возможности. К тому же у корёинов был опыт принудительного переселения, тягости которого они смогли с достоинством преодолеть. С течением времени корёины постепенно стали находить своё место в России и странах Центральной Азии, начали проявлять себя во всех сферах общественной жизни. Они смогли войти в политические круги и занять официальные посты, приспособиться к капиталистической системе и показать впечатляющие экономические результаты силами собственных навыков и умений. Больших успехов достигли корёины и в сферах культуры и искусства, среди них появились выдающиеся олимпийские чемпионы, призёры кубков мира. Как и во времена Советского Союза, появлялись среди корёинов и уважаемые в академическом сообществе учёные. Эти люди создавали многочисленные ассоциации, общества сохранения национальной культуры и смогли утвердить новую идентичность корёинов как одного из этнических меньшинств России и стран Центральной Азии.

Данная серия научных работ является результатом исследования, посвящённого выдающимся корёинам современной России и стран Центральной Азии. Исследование отвечает на вопросы, кем являются эти люди, возглавляющие национальную диаспору корёинов, где и в каких сферах они активны, какое будущее ждёт корёинов.

Для всестороннего изучения современного положения корёинов это сообщество было разделено на географические и поколенческие группы со своими характерными признаками.

Географически корёины были разделены на 8 основных групп:

Пристанище для уехавших из Центральной Азии:

Сибирь;

В поисках новой жизни: Юг России;

Место принудительной мобилизации: Сахалин;

Принудительное переселение (1): Казахстан;

Принудительное переселение (2): Узбекистан;

Вновь переселившиеся: корёины Республики Корея, Европы и Америки.

Поколенчески корёины были разделены на следующие 3 категории:

- ушедшие на покой старейшины: старшее поколение;

- активные деятели: среднее поколение;

- будущее корёинов: подрастающее поколение.

Используя указанную выше классификацию, мы разделили результаты трёхлетнего исследования на 8 частей, по одной на каждый географический регион. Из них 7 частей были написаны в России и были переведены на корейский язык для корейских исследователей и организаций, интересующихся историей корёинов.

Все 8 частей исследования, насколько это возможно, придерживаются единой методологии и структуры изложения; однако, несмотря на общую форму, у каждой части есть свои особенности, связанные с различиями в описываемых регионах и территориальном распределении корёинов, характере изложения материала конкретными исследовательскими группами.

Целью проектной группы было с помощью данной серии

научных работ установить более точное понимание идентичности корёинов, внести вклад в улучшение взаимопонимания между корейцами Республики Корея и корёинами, в развитие связей между Кореей и Россией, странами Центральной Азии. Именно поэтому целью проекта стали изучение, классификация и описание различных сторон жизни корёинов.

При реализации поставленных задач участники проекта столкнулись с трудностями, связанными с неоднородностью групп корёинов, расселённых в разных географических регионах с различным историко-культурным, политическим и экономическим контекстом, и постоянно находящихся в движении.

Несмотря на эти трудности, основные задачи проекта были успешно выполнены. Ответственность за возможные недочёты публикации данной серии исследований – неполноту содержания, неточности материалов и ошибки при переводе – лежит на исследовательской группе и особенно на руководителе группы. Авторский коллектив будет благодарен за критические замечания.

Руководитель исследовательского проекта.

Февраль 2022 г.
Руководитель исследования

Содержание

Сахалин : территория принудительной мобилизации

Сахалин : территория принудительной мобилизации

Введение

Данная книга базируется на архивных и полевых материалах, собранных автором в период исследовательской деятельности с 2008 г. Интервью респондентов, воспоминания участников событий не всегда в полной мере находят отражение в опубликованных материалах, поэтому автор посчитал необходимым представить их читателю в более полном объеме.

Автор собирал полевой материал преимущественно на Сахалине – в Южно-Сахалинск, Углезаводске, Поронайске и других населенных пунктах Сахалинской области. Часть интервью была взята у респондентов в Южной Корее, там где осели репатриированные сахалинские корейцы первого поколения. Также активно были использованы интервью, взятые другими исследователями и опубликованные в печати. Автор принял решение использовать и их, поскольку не все важные события истории сахалинской корейской диаспоры реконструируются по тем интервью, которые автор имел возможность взять сам.

Автор намеренно постарался в главах 2, 3, 4 «дать слово» самим сахалинским корейцам, сведя собственные размышления к минимуму. Именно их воспоминания – рассказанные автору или другим исследователям и краеведам, опубликованные в книгах и газетах позволят читателю максимально погрузится в мир людей, о которых эта книга.

***

История сахалинских корейцев – это история, которая началась не так давно, однако уже может представить читателям[1] существенный пласт научной литературы. Однако, зачастую в научной литературе почти не принято использовать нарративные источники информации в силу их предвзятости и трудности сбора.

Период второй половины XX – начала XXI вв. отмечен подлинным переворотом в общественных науках. Стремление к обновлению исторических методов и теорий привело к пересмотру традиционных представлений об историческом процессе, переосмыслению прежних взглядов на его культурные, духовные и социальные факторы. Новые взгляды на социокультурную историю

---

1) Подробный разбор историографии истории сахалинских корейцев – см. в главе 1.

человечества играют большую роль в пересмотре традиционной методологии исторической науки, в теоретических и практических исследованиях человека и общества.

Конечной целью исследователя-историка является максимальное приближение к целостной картине прошлого, рассмотрение объекта исследования в различных ракурсах. Такой подход позволяет находить новые решения общественных проблем, влиять на динамику общественных процессов, сочетать целостность общества с многообразием стилей жизни, культурных и духовных ценностей конкретных социальных групп и отдельных людей.

В современном мире – мире демократической открытости и наблюдаемости, международно-правового соблюдения прав человека – существует множество социальных институтов, которые сложным образом взаимодействуют друг с другом и с государством. Одно из центральных мест среди таких социальных институтов занимает этническая диаспора, которая, приобретая качественную устойчивость, создает предпосылки для принятия феномена диаспор в качестве специфической международной реальности, требующей научного исследования, анализа и осмысления.

Актуальность темы данного исследования обусловлена возросшей значимостью этнических проблем в таких многонациональных государствах как Россия. Стремление государства создать на своей территории единое социокультурное общество часто сталкивается с активным и пассивным сопротивлением национальных меньшинств, которые являются носителями разных культурных и политических ценностей и традиций.

В условиях, когда нерусское население в России превышает 20 % (а в советский период оно достигало 50 % от общей численности населения СССР), изучение этнических меньшинств, малочисленных народов, диаспор приобретает особую актуальность. Возрастает интерес к историческим предпосылкам складывания этнических групп на территории России и их взаимодействие с титульной нацией, к формированию менталитета, к вопросам самосознания этнической общности, сохранения идентичности и самобытности каждого народа. Не менее актуальны проблемы социально-экономической, политической и культурной адаптации и интеграции диаспор в принимающее общество, приспособления людей к меняющимся условиям. Очень важна для исторического анализа социально-политическая роль национальных организаций и институтов этнических диаспор. Изучение корейской диаспоры Сахалина как этнической общины, имеющей уникальную специфику происхождения и исторического развития, в этих условиях чрезвычайно актуально для современной исторической науки.

Для восстановления более полного и объемного изображения истории корейской диаспоры Сахалина и Курильских островов автор в основном использовал источники нарративного характера – интервью информантов, которые либо сами участвовали в наиболее важных событиях (переселение, движение за возвращение, репатриация и т.д.), либо могли воссоздать воспоминания непосредственных участников – родителей, друзей, знакомых. Для проведения этого исследования был применен биографический метод, который позволяет исследовать поведение людей с точки зрения институционального регламента, а также поведение и события с течением времени [98, с. 11].

Полевой материал фиксировался с помощью диктофона и хранится в научном архиве Сахалинского областного краеведческого музея (Южно-Сахалинск). Аудиофайлы пронумерованы и записаны на электронных носителях (CD-ROM). Ссылки на интервью в книге даны по порядковому номеру. В конце книги приведен список интервью в формате: Интервью [порядковый номер], пол, год рождения, место проведения интервью, дата проведения интервью.

Помимо полевого материала, собранного автором, в исследовании использовались опубликованные материалы на русском и корейском языке. Статьи, монографии, книги, мемуары, дневники – это тот материал, который позволит взглянуть на многие события истории корейской диаспоры и идентификации сахалинских корейцев с разных точек зрения.

Глава 1

Введение в проблемы сахалинских корейцев

1. Историография изучения истории сахалинских корейцев

В данной работе мы представим читателю только российскую историографию. Несомненно, работы южнокорейских и японских ученых также очень интересны читателям, однако оставляем право сделать это им самим.[1] Англоязычная (американская) историография же очень немногочисленна, вряд ли она стоит того, чтобы посвящать ей целый обзор.[2]

---

[1] В некотором роде это уже сделано. В Японии обзор историографии истории сахалинских корейцев сделал М. Миямото [75], в Южной Корее – Бан Ильгвон [103]. С полным списком работ на японском и корейском языках, посвященных сахалинским корейцам, можно ознакомится в конце работы.

[2] Пожалуй, можно упомянуть только работы Дж. Стефана [9] Дж. Гинзбурга [3, 4].

Долгое время, на протяжении практически всего периода существования СССР, проблемы корейцев Сахалинской области не изучались и не рассматривались в отечественной науке. Существовавший негласный запрет[3] на научную разработку этой темы не мог не повлиять отрицательно на количество исследований по проблемам сахалинских корейцев. В означенный период только двое советских ученых упоминали в своих исследованиях тему истории сахалинских корейцев [42, 70]. Только двое советских ученых вообще упоминали эту тему в своих работах. Не выходило в свет и опубликованных источников советского периода.

Наступивший в 1985 г. период перестройки и гласности, и последовавшее затем время снятия запретов на исследования этнических групп и диаспор, привели к появлению большого числа работ по истории сахалинской корейской диаспоры и ее отдельных аспектов. Однако при всем обилии таких работ, можно выделить только трех российских исследователей, которые специально и глубоко разрабатывали эту тему.

Первый из них – это исследователь Бок Зи Коу. Его

---

3) Согласно разъяснению Уполномоченного Совета Министров СССР по охране военных и государственных тайн и печати от 11 ноября 1952 г. № 2915с начальнику Сахалинского обллита Денискину В.И. в открытой печати запрещалось приводить сведения о переселении и размещении переселенцев корейской национальности (ГИАСО. Ф. Р-131. Оп. 1. Д. 3. Л. 7). О существовавшем запрете упоминает и Бок Зи Коу в своей книге [14, с. 3].

авторству принадлежит монография «Корейцы на Сахалине» [14], написанная в годы перестройки и вышедшая в 1993 г. Несомненен его вклад в исследование истории сахалинских корейцев. В своей книге Бок Зи Коу в основном анализирует японскую научную и публицистическую литературу по корейскому переселению, приводит воспоминания некоторых членов сахалинской корейской общины. К сильным сторонам его работы можно отнести непосредственное участие Бок Зи Коу в большинстве описанных в книге событий – впрочем, эта его вовлеченность внесла некоторый момент субъективизма в его научно-исследовательскую работу. Несмотря на некоторые недостатки, работа Бок Зи Коу – первая монография в российской исторической науке, которая полностью посвящена корейцам Сахалина. Также ему принадлежат и некоторые другие работы [12, 13], в которых автор указывает на изучавшийся в Японии и России круг проблем по вопросам истории сахалинских корейцев.

В российской исторической науке самым видным и признанным ученым, занимающимся данной темой, является А.Т. Кузин. Его авторству принадлежит ряд работ, в которых впервые в научный оборот вводится широкий круг источников из сахалинских архивов. Первой вышла монография «Дальневосточные корейцы: жизнь и трагедия судьбы» [45], которая до сих пор остается одним из самых востребованных трудов по истории сахалинских корейцев за рубежом (переведена на японский язык). Вторая часть книги полностью посвящена современной корейской диаспоре. Выпустив в 2006 г. сборник документов и материалов [114], А.Т. Кузин в 2010 г. опубликовал свой самый обширный труд по истории сахалинских корейцев – трехтомную монографию «Исторические судьбы сахалинских корейцев» [52, 55, 56], в которой собраны результаты его долголетних трудов по истории корейцев Сахалина. Принадлежат его авторству и другие работы, посвященные отдельным вопросам и проблемам истории сахалинской корейской общины [2, 46–51, 53, 54, 57–62]. В 2012 г. А.Т. Кузин подвел итог своих долгих научных изысканий, защитив докторскую диссертацию в Институте истории, археологии и этнографии народов Дальнего Востока РАН [64].

Подходя к истории сахалинских корейцев как к истории народа, брошенного японским правительством на произвол судьбы, А.Т. Кузин исследует и находит ответы на многие неизвестные вопросы в истории сахалинской общины. В частности, он впервые приводит сведения о численности корейского населения после 1945 г., анализирует политику советского и российского правительства в отношении сахалинских корейцев, отношение к ним со стороны правительств Японии, КНДР и Республики Корея, случаи и факты предвзятого отношения, ущемления прав, открытой дискриминации. Исследует он различные исторические процессы и явления, имевшие место в сахалинской корейской общине, – трудовую миграцию корейских рабочих из КНДР, проблемы гражданско-правового статуса, принудительное выселение и перемещение, проблемы репатриации на историческую родину, работу корейских общественных организаций, связи с Республикой Корея и КНДР. Работы А.Т. Кузина известны среди ученых-историков и принесли автору известность в России и за рубежом.

Третьим из известных исследователей истории и этнографии сахалинских корейцев является Пак Сын Ы. Его работы (написанные самостоятельно и в соавторстве) посвящены истории [77, 79, 89, 91, 96], культуре [28, 80, 81], этнографии [82–87], проблемам репатриации [78, 88] и идентификации [90] сахалинских корейцев. Пак Сын Ы, являясь представителем второго поколения сахалинских корейцев, в своих работах анализирует разнообразные вопросы и проблемы истории сахалинской корейской диаспоры, описывает события, очевидцем которых являлся.

Кроме трех вышеназванных исследователей, существует круг авторов, которые изучают отдельные аспекты истории сахалинских корейцев или же проводят свои исследования в рамках параллельных тем.

О корейских школах Сахалинской области, существовавших

в 1945–1963 гг., подробное исследование опубликовали А.И. Костанов и И.Ф. Подлубная [43]. В своей работе на основе архивных источников авторы проследили историю формирования, функционирования и ликвидации национальных школ для корейского населения, обсудили кадровые и материальные проблемы, которые сопутствовали работе школ, а также политику советского правительства, которая привела в итоге к закрытию этих национальных учебных заведений.

И.Ф. Подлубная продолжила свои исследования по истории корейской диаспоры и на международной конференции опубликовала статью «Источники формирования корейского населения на Сахалине» [93]. В ней автор четко изложила свое видение миграции корейцев на Сахалин, но использовала в основном источники российских архивов, не привлекая дополнительно источники периода японского правления островом.

Л.В. Забровская в своих работах исследует политику КНДР по отношению к корейской общине Сахалина [25], а также трудовую миграцию из КНДР на Сахалин в 40-х гг. XX в. [27] и современные связи сахалинской корейской диаспоры с Северной и Южной Кореей [26].

О работе по сбору этнографической информации о корейцах Сахалина, проведенной Сахалинским краеведческим музеем и комплектовании музейных коллекций рассказывает статья Ирины Борисовны Ким (Ким Ен Хи) «Сахалинские корейцы» [39], которая спустя годы продолжила свои научные изыскания, посвященные этнографическому описанию быта и культуры сахалинских корейцев, публикацией каталога «Сахалинские корейцы. Каталог коллекций из собрания Сахалинского областного краеведческого музея» [38].

Большую этнографическую работу по исследованию этнической идентификации населения Сахалина (частью которого являются корейцы) провела Л.И. Миссонова [74]. В своей работе она обращает внимание на такие особенности истории как происхождение корейцев Сахалина с южной части Корейского полуострова и городское расселение (в частности, в областном центре проживает больше половины корейского населения всей области).

Трагедиям 1945 г., когда японские националисты убили мирных корейских жителей в деревнях Мидзухо (Пожарское) и Камисиска (Леонидово), посвящены две художественные повести – К. Гапоненко «Трагедия деревни Мидзухо» [21] и В. Гриня «Разлука длиною в жизнь» [22].[4] С одной стороны, оба произведения написаны в жанре художественной повести и поэтому их трудно рассматривать как научные исследования. С другой стороны – книги написаны на материалах

---

4) Более подробно это будет освящено ниже.

следственного отдела и поэтому могут пролить свет на наиболее тяжелые моменты в истории сахалинской корейской диаспоры. Обе работы переведены на корейский язык, а книга В. Гриня – также и на японский (оригинал и переводы опубликованы совместно).

Небольшая, но информативная статья Ю.Ю. Алина [10] поднимает один из важных вопросов – проблему вкладов сахалинских корейцев в японские сберегательные банки и возможности ее разрешения.

Работа И.А. Цупенковой «Забытый театр» рассказывает о недолгой истории Корейского драматического театра [100]. Автор в своем исследовании использует не только материалы сахалинских архивов, но и воспоминания людей, которые были идейными вдохновителями и работниками театра. Позже более подробно история корейского театра Сахалинской области будет рассказана в совместной монографии А.И. Краева и И.А. Цупенковой [44].

Некоторые вопросы миграции сахалинских корейцев в рамках обширного труда рассматривает видный казахстанский ученый Г.Н. Ким [34–36]. В двухтомной монографии «История иммиграции корейцев» основное внимание сфокусировано на миграции корейского населения Сахалина, на круге проблем, связанных с сахалинской корейской диаспорой, особенностях возрастного, полового и социального состава, связях диаспоры с КНДР и Республикой Кореей. В отдельных своих публикациях и статьях[32, 33] автор также затрагивает актуальные вопросы истории сахалинской корейской диаспоры: проблему переселения на Сахалин во время японского правления, трудовой вербовки рабочих из КНДР и репатриации на историческую родину. Г.Н. Ким основывается на материалах переписей, а также работах Бок Зи Коу, Дж. Стефане, Ли Бен Дю, А.Т. Кузине. Затрагивает он и историю корейцев из Казахстана, отправленных по путевкам ВКП(б) на Сахалин и Курильские острова после Второй мировой войны [37].

В кандидатской диссертации И.П. Ким небольшое внимание уделено послевоенному положению и проблеме репатриации сахалинских корейцев с Южного Сахалина в рамках проблем, которые встали перед советской администрацией в 1945–1949 гг. [41]

Некоторые вопросы о проблемах сахалинских корейцев поднимаются в сборнике статей «Сибирь и Корея в Северо-Восточной Азии». В частности, можно отметить статьи И.А. Хегая о проблеме адаптации [99] и С.И. Кузнецова [65] об участии корейцев в советско-японской войне и проблеме репатриации.

В статье, опубликованной в сборнике «Япония наших дней», М.Г. Булавинцева [18] затрагивает в числе прочих и вопросы о сахалинских корейцах во время и после периода губернаторства Карафуто на Сахалине – об отсутствии для них корейских школ, проблемах гражданства, разделенных семей и т.д.

Проблему репатриации сахалинских корейцев анализирует М.С. Высоков в одной из своих статей [19]. Известный сахалинский историк вполне резонно указывает на то, что подобные проекты уже проводились, и, следовательно, у сахалинских корейцев есть возможность воспользоваться опытом других стран и репатриантов.

Е.Н. Чернолуцкая, проводя обширные исследования миграций населения на советском Дальнем Востоке, опубликовала статью о трудовом и бытовом устройстве корейцев Сахалина в конце 1940-х – начале 1950-х гг. [101]. А.А. Белоногов в рамках работы на кандидатской диссертацией провел исследование историографии политико-правового положения корейской диаспоры [11]. В рамках изучения послевоенной миграции на Сахалине и Курильских островах некоторые вопросы истории сахалинских корейцев затрагиваются в статье В.В. Щеглова [102].

Достаточно любопытна небольшая по объему статья известного корееведа А.Н. Ланькова «Корейцы Сахалина» [67]. Не претендуя на глубокий научный труд, автор, тем не менее, обратил внимание на интересные факты – сохранение в корейской общине сеульского диалекта, наличие обширных связей с Южной Кореей при отсутствии мотивации у корейской сахалинской молодежи для возвращения на историческую родину. Позже А.Н. Ланьков, совершив поездку на Сахалин, напишет более глубокое исследование о корейцах острова, но уже на английском языке [6].

Известный исследователь этнической истории СССР и России Н.Ф. Бугай в своих работах часто обращается к истории сахалинских корейцев как части общей истории корейцев СССР и СНГ. Известны его монографии «Российские корейцы и политика «солнечного тепла» [16] и «Российские корейцы: новый поворот истории» [15], в которых он анализирует процесс репатриации первого поколения сахалинских корейцев в свете дипломатических отношений между Россией и Республикой Корея. Также в 2004 г. Н.Ф. Бугай совместно с южнокорейским ученым Сим Хон Ёнгом опубликовали монографию об общественных организациях корейцев России [17].

Члены «Сахалинской областной организации дважды принудительно мобилизованных корейцев» предприняли серьезную попытку найти и собрать материалы по истории корейской мобилизации в Корее, Японии и на Сахалине. В опубликованной работе они высказали свой взгляд на многие белые пятна истории принудительной мобилизации сахалинских корейцев, проиллюстрировав свое исследование письмами, обращениями, различными документами на русском, корейском и японском языках [113]. Это исследование может быть также использовано и как важный источник по теме движения за права сахалинских корейцев. Основную работу по сбору документов провели сахалинские корейские общественники Тен Тхе Сик и Со Дин Гир.

Ил. 1. Пак Хен Чжу (1929-1999), автор книги "Репортаж с Сахалина"

Ил. 2. Бок Зи Коу (1929-2009), автор книги "Корейцы на Сахалине"

Ил. 3. Пак Сын Ы (род. 1942), доцент СахГУ, автор множества работ по истории и культуре сахалинских корейцев

2. Краткая история сахалинских корейцев

Современная корейская диаспора о. Сахалин берет свое начало в период, когда южная часть острова находилась под японским управлением. В 1910–1945 гг. Южный Сахалин и Корейский полуостров были частью Японской колониальной империи, что и явилось предпосылкой переселения корейцев. В 1945 г. по результатам Ялтинских соглашений и победы во Второй мировой войне, Южный Сахалин перешел под управление Советского Союза. В силу разнообразных причин корейское население осталось проживать на острове и было поставлено перед необходимостью искать себя в новых условиях советского строя. Именно они и их потомки стали ядром современной корейской диаспоры Сахалина.

Несмотря на актуальность данной темы исследования, именно период формирования корейской диаспоры наиболее слабо изучен в исторической науке. Бок Зи Коу[5], первым написавший монографию о сахалинских корейцах, приводит сведения и о переселении, но слабо аргументирует свою точку зрения, руководствуясь собственными

---

[5] Бок Зи Коу был представителем первого поколения сахалинских корейцев и сам непосредственно участвовал во многих событиях в истории сахалинской корейской диаспоры.

воспоминаниями [13, 14]. А.Т. Кузин в нескольких своих работах концентрируется в основном на советском и российском периоде истории сахалинских корейцев, мало затрагивая период переселения на Южный Сахалин. Остальные исследователи (как мы видели выше), рассматривая различные аспекты истории сахалинских корейцев, о периоде 1905–1945 гг. информацию берут в основном из работ Бок Зи Коу и А.Т. Кузина.

Одна из важнейших проблем сахалинской корейской диаспоры – исследовать переселение этнических корейцев из Кореи на Карафуто, обозначить проблемы, с которыми пришлось столкнуться сахалинским корейцам, изучить и понять ту историческую обстановку, в которой происходило данное переселение. Для решения этой задачи привлекались разнообразные источники и историография – материалы на русском, японском, корейском и английском языке, а также интервью информантов – тех, кто непосредственно участвовал в описываемых событиях, либо мог воспроизвести воспоминания родителей, родственников, знакомых.

Южный Сахалин Япония приобрела по Портсмутскому мирному договору 1905 г., когда Россия, проиграв Русско-японскую войну, была вынуждена уступить победителю часть острова южнее 50-й параллели. Японское правительство в 1907 г. создало на приобретенной территории губернаторство Карафуто, которое до 1943 г. имело статус колонии[6], а после – было включено в губернаторство Хоккайдо и приобрело статус метрополии. Административным центром Карафуто стал город Тоёхара (ныне – Южно-Сахалинск) [111, с. 265].

На первых порах переселение этнических корейцев на южную часть Сахалина шло довольно медленно. В 1910 г. на Карафуто насчитывалось всего 33 корейца, и через пять лет, в 1915 г., их оставалось столько же. Только к 1920 г. наблюдается некоторый рост в численности корейского населения – корейцев к тому времени насчитывается уже 513 человек [108, с. 31].

С конца 1910-х гг. компания «Мицуи Майнинг Ко.» стала нанимать корейцев для работы на угольных шахтах, находящихся на юге Карафуто [108, с. 31]. Происходило это следующим образом. Правление шахты Каваками (Синегорск), принадлежащей «Мицуи», в 1917 г. получило разрешение на вербовку корейцев от генерал-губернаторства Кореи. После этого в г. Синыйчжу (Корея) представители компании начали вербовку корейских рабочих. Контракт заключался на полтора года и предусматривал, в частности,

---

6) Все территории Японской империи делились на метрополию (Японские острова, также фигурирующие в различных договорах как острова собственно Японии) и колониальные владения, включающие Тайвань, Корею, Тихоокеанские мандатные территории и Карафуто. Жители метрополии и колониальные подданные обладали в империи разными правами.

оплату транспортных расходов [107, с. 165]. Заработная плата для рабочих (японцев, корейцев, китайцев) в Тойохаре (Южно-Сахалинск) составляла 2,5 иены в день, а в Отомари (Корсаков) японцы получали также 2,5 иены, а корейцы – 2 иены в день [108, с. 36]. Надо иметь в виду, что в то время средний заработок квалифицированных рабочих в самой Корее составлял 15–20 иен в месяц, так что с чисто финансовой точки зрения эти условия были достаточно привлекательными [5, с. 166]. Предпочтение наниматели отдавали в основном холостым мужчинам.

С апреля 1920 г. по май 1925 г., воспользовавшись кризисом, который охватил Россию в результате революций 1917 г. и гражданской войны, Япония оккупировала Северный Сахалин. В это время наблюдался заметный приток корейцев из Приморского края и Северного Сахалина на Карафуто.

В 1922 г. более ста корейцев из «Северосахалинской дальневосточной лесной ассоциации» переехали на Карафуто. В 1923 г. опять наблюдался приток корейцев на остров из-за политики вытеснения иностранцев с Приморья и Дальнего Востока России. Поскольку эти переселенцы изначально выехали в российское Приморье из корейской провинции Хамгён вместе с семьями, в это время на Карафуто также наблюдается рост числа женщин-кореянок [108, с. 36].

Рост численности корейского населения Карафуто можно проследить по следующей таблице:

Таблица 1. Численность корейского населения на Карафуто в период 1921–1925 гг. [107, с. 166]

Год	Количество домохозяйств	Численность корейского населения		
		мужчин	женщин	всего
1921	68	444	23	467
1922	76	577	39	616
1923	117	1,256	207	1,464
1924	170	1,522	305	1,827
1925	380	2,660	873	3,533

Как видно по данной таблице, за период с 1921 по 1925 гг. число домохозяйств и общее количество корейского населения на Южном Сахалине существенно выросли.

В 1925 г. влиятельные корейцы, проживающие во Владивостоке, обратились к японскому правительству с просьбой переселить на Карафуто около 3 тыс. корейцев из Приморской области. Губернатор Карафуто дал разрешение на переселение 1 000 человек, но фактически на остров переехало 562 корейца. Они приехали в сопровождении семей в Эсутору (Углегорск) и Сиритори (Макаров), получили там работу и остались на постоянное жительство [107, с. 167].

Примечательно, что политический кризис в России совпал с возросшим спросом на рабочие руки, вызванный бумом бумажной промышленности в Эсутору (Макаров), Сиритори (Углегорск) и других частях Карафуто. В результате миграций из России, вербовки на шахты и переселения из Кореи численность корейского населения в конце 1920-х гг. заметно увеличилась. По нижеследующей таблице мы можем проследить изменение численности населения на Карафуто в 1910–1930 гг.:

Таблица 2. Этнический состав населения Карафуто, 1910–1930 гг. [108, с. 30]

Национальность	1910 (конец)	1915	1920	1925	1930 (окт.)
Японцы	28,688	58,449	88,747	183,742	284,198
Корейцы	33	33	510	3,206	8,301
Местное коренное население	2,103	2,066	1,741	1,724	2,164
Китайцы	25	27	21	203	319
Русские	168	85	115	127	170
Другие	0	0	2	34	44

По таблице 2 видно, что, несмотря на общее увеличение численности населения, самый большой прирост был именно у этнических корейцев – их количество выросло сразу в 251 раз. При этом цифра численности корейского населения в 8 301 человек не может считаться достаточно точной. Так, в конце 1930 г. количество корейцев уменьшилось и их осталось на Южном Сахалине только 5 359 человек [107, с. 165]. Такой большой скачок объясняется тем, что по-прежнему значительную часть корейской общины на острове составляли сезонные рабочие. Они покидали остров по истечении срока своих контрактов или по окончании сезонных работ в лесной или рыбной промышленности.

Особо следует остановиться на истории переселения корейцев с Корейского полуострова. Процесс переселения на Карафуто был сходен с переселением корейцев в метрополию. Поскольку, в отличие от промышленной северной части страны, южная часть Кореи оставалась в этот период аграрным районом, японские компании предпочитали вербовать рабочих именно на юге. Обосновавшись на острове, корейцы вызывали на Карафуто семью, а также зачастую уговаривали родственников и односельчан последовать их примеру. Японские власти активно поощряли подобные способы переселения на Карафуто.

На первоначальном этапе переселение шло медленно, причиной чего были конфуцианские традиции и страх перед переездом. Однако после Первой мировой войны в Японии начался промышленный бум, который вызвал небывалый спрос на рабочие руки. К тому же, в этот период шла активная миграция японцев в Корею, где они могли получить административные посты, заняться бизнесом, а также становились землевладельцами. Поддерживаемые колониальной администрацией, японские мигранты получали в свое распоряжение лучшие земли, в результате чего для многих разорившихся корейских землевладельцев единственным выходом становилась эмиграция. В результате количество корейцев на Японских островах росло быстрыми темпами. Накануне аннексии Кореи, в 1909 г., в Японии проживало всего лишь 790 корейцев, а к 1938 г. их число составило почти 800 тыс. человек [7, с. 35–37]. Работали корейцы в основном на шахтах и в качестве дешевой неквалифицированной рабочей силы [7, с. 38].

В 1938 г. этнические корейцы на Японских островах по месту рождения делились следующим образом. Из провинций Южная Кёнсан, Северная Кёнсан, Южная Чолла, Южная Чхунчхон, Северная Чхунчхон – 93,8%, из провинций Южная Пхёнан, Южная Хамгён, Янган, Северная Пхёнан, Северная Хамгён – 3,4%, а из провинций Кёнги и Канвон – 2,8% [7, с. 36]. Корейцы Южного Сахалина также были в основном выходцами из провинций аграрного юга Кореи (корейцы северной части страны в то время, скорее, мигрировали в Маньчжурию, которая с 1931 г. тоже находилась под фактическим японским контролем). В г. Тойохара, административном центре Карафуто, корейское население в 1941 гг. по месту рождения распределялось следующим образом:

Таблица 3. Корейцы г. Тойохара (Южно-Сахалинск) по месту рождения в 1941 г. [104, с. 217]

Провинция происхождения	Численность корейского населения	Процентное соотношение к общему количеству корейского населения
Северная Хамгён	2	0,15
Южная Хамгён	1	0,07
Северная Пхёнан	0	0
Южная Пхёнан	1	0,07
Хванхэ	2	0,15
Северная Чхунчхон	21	1,55
Южная Чхунчхон	95	7,03
Северная Чолла	61	4,52
Южная Чолла	101	7,48
Северная Кёнсан	433	32,05
Южная Кёнсан	603	44,63
Кёнги	25	1,85
Канвон	6	0,44
Общая численность	1,351	100

Как видно из таблицы 3, в численности корейского населения административного центра Карафуто прослеживались те же тенденции, что и в метрополии – количество выходцев с юга Кореи достигало 97,3% (1 314 человек). В г. Тойохара насчитывалось всего лишь 4 выходца из четырех провинций северной части Корейского полуострова. Выходцев из провинций Кёнги и Канвон, находящихся в центральной Корее, тоже было немного –

2,4% или 33 человека. Эти особенности происхождения корейского населения Карафуто впоследствии сыграют значительную роль[7] в истории сахалинской корейской диаспоры.

На процессы миграций на Карафуто большое влияние оказывала международная обстановка и внешняя политика японского правительства. Начало в 1937 г. Тихоокеанской войны вызвало необходимость поставить под контроль трудовые ресурсы. Вскоре после 1937 г. гражданское население империи становится объектом принудительной мобилизации, темпы которой быстро росли. В 1939 г. было мобилизовано 850 человек, в 1940 г. – 311 724, а в 1942 г. – уже 623 385. Вся рабочая сила бралась на строгий учет (существовала так называемая система «регистрации профессий»), при этом были приняты меры по предотвращению самовольных миграций (закрепленные в указе 1940 г. «О запрещении рабочим и служащим менять место работы» и указе 1941 г. «О регулировании спроса и предложения рабочей силы»). Указ «Об организации труда на важнейших предприятиях» фактически отменял ограничения на максимальную продолжительность

---

[7] Происхождение большинства этнического населения Сахалина с территории южной Кореи сыграло роль в несостоявшейся репатриации (Республика Корея, будучи в сфере влияния США, главного идеологического противника СССР, не имела с последним никаких дипломатических отношений до 1990 г.).

рабочего дня и минимальный размер заработной платы, которые отныне произвольно устанавливались правительственными чиновниками. Вкупе с неизбежными лишениями и падением уровня жизни это вело к общему ухудшению состояния здоровья трудоспособного населения и росту смертности [76, с. 194].

Закон «О всеобщей мобилизации» (Закон № 55), вступивший в силу в 1938 г., включал 50 статей и дополнений, которые регулировали условия и ход мобилизации. В соответствии с этим законом подданные Японской империи могли привлекаться к трудовой повинности и службе в соответствующих местах по законам военного времени. В соответствии с Указом императора за № 316 от 4 мая 1938 г. «Об исполнении Закона о всеобщей мобилизации в Корее, Тайване и Карафуто» с сентября 1939 г. Закон «О всеобщей мобилизации» распространялся на территории колоний [72, с. 46–47]. Согласно официальному отчету японских властей, всего из Кореи в Японию было мобилизовано 422 262 корейца [111, с. 232].

В этих условиях на Карафуто также стали прибывать рабочие, мобилизованные в Корее. Однако, японские власти по-прежнему поощряли приезд корейцев в виде свободной вербовки, вербовки через родственников и знакомых. Происходило это и после объявления о введении в феврале 1942 г. так называемой «трудовой повинности». Общее количество принудительно мобилизованных из Кореи на Карафуто корейцев можно проследить по следующей таблице:

Таблица 4. Количество принудительно мобилизованных корейских рабочих для работы в производстве Карафуто [107, с. 168]

Год вербовки	Плановое количество	Фактическое количество
1939	0	3,301
1940	8,500	2,605
1941	1,200	1,451
1942	6,500	5,945
1943	3,300	2,811
1944	0	0
1945	0	0
Итого	19,500	16,113

Здесь стоит обратить внимание на тот факт, что зарплата сахалинских шахтеров шла в основном на сберегательные вклады почтового отделения банка г. Тойохара. Регистрационные книги с записями вкладов частью были потеряны во время военных действий, частью захвачены Красной Армией в качестве трофеев. После войны сахалинские корейцы так и не смогли получить свои сбережения, и вопрос этот ждет справедливого решения до сих пор.[8]

---

8) ГИАСО. Ф. Р-1038. Оп. 1. Д. 104. Л. 14.

Примерно такая складывается картина миграции корейского населения на территорию губернаторства Карафуто. Важным являются не только документальные материалы, но информация устных источников – интервью и воспоминаний тех, кто приехал на Южный Сахалин на заработки или в рамках трудовой мобилизации.

В конце 1944 г. общая численность населения Карафуто составила 382 713 человек (мужчин из них было 195 794, женщин – 186 919). Кроме того, из Хоккайдо на сезонные работы в рыбную и лесную промышленность ежегодно прибывали от 18 до 25 тыс. человек.[9]

В 1931–1944 гг. динамика численности корейского населения на Карафуто выглядит следующим образом:

Таблица 5. Корейское население губернаторства Карафуто в 1931–1944 гг. [107, с. 165]

Год	Количество домохозяйств	Численность корейского населения		
		мужчин	женщин	всего
1931	1,230	3,919	1,961	5,880
1932	1,166	3,215	1,572	4,787
1933	1,201	3,354	1,689	5,043
1934	1,233	3,825	2,053	5,878
1935	1,403	4,521	2,532	7,053
1936	1,446	4,231	2,373	6,604
1937	1,416	4,153	2,439	6,592

---

[9] РГАСПИ. Ф. 17. Оп. 122. Д. 92. Л. 2.

Год	Количество домохозяйств	Численность корейского населения		
		мужчин	женщин	всего
1938	1,526	4,803	2,822	7,625
1939	2,149	5,915	3,081	8,996
1940	2,391	11,661	4,395	16,056
1941	2,883	13,603	6,165	19,768
1942	-	-	-	21,233
1943	3,827	15,554	5,689	25,765
1944	-	18,213	7,552	26,825

Как мы можем увидеть из таблицы 5, количество корейцев на Карафуто равномерно росло и к 1944 г. составило почти 27 тыс. человек.

Из-за обстановки, царившей в Японской империи накануне окончания Второй мировой войны, 11 августа 1944 г. японским правительством было принято решение «О немедленном перемещении шахтеров и ресурсов Карафуто и Кусиро». В результате этого решения были закрыты 14 из 26 шахт на западном побережье Карафуто, а японские и корейские рабочие этих шахт были перемещены о. Кюсю. Этих рабочих насчитывалось от 6 до 10 тыс. человек. Этнических корейцев из них было около 3 тыс. человек.[10]

Главной причиной этого перемещения были финансовые трудности и транспортные проблемы. Условия перемещения,

---

10) РГАСПИ. Ф. 17. Оп. 122. Д. 92. Л. 2.

которое в российской историографии получило название «повторная вербовка», были очень тяжелыми. Рабочим сообщили о перемещении за 3 дня до отъезда, который состоялся 19 августа. Условия работы на японских шахтах были гораздо хуже, чем на Карафуто, было несколько смертельных случаев. Однако главным последствием «повторной вербовки» стала разлука с семьями, оставшимися на Карафуто. Некоторое количество завербованных смогли после окончания боевых действий в 1945 г. вернуться на остров, однако для большинства возвращение оказалось невозможным из-за военных действий и недостатка необходимой информации. Во многих случаях, те, кто вернулись на Карафуто, умерли рано из-за последствий тяжелейшей работы на шахтах в Японии [106, с. 72–73].

По таблице 6 можно проследить из каких шахт Карафуто были вывезены корейские рабочие, количество вывезенных, а также шахты, на которых работали подвергшиеся «повторной вербовке». Эти шахты находились на о. Кюсю, самом южном острове Японского архипелага.

Таблица 6. Количество корейский рабочих, повторно мобилизованных в Японию в августе 1944 г. [109, с. 25]

Шахты Карафуто, откуда вывозились рабочие / фирма, которой шахта принадлежала	Количество вывезенных корейских рабочих (человек) – шахта в Японии / фирма, которой шахта принадлежала	Область переселения
Камиторо / Канэфутикогё (район совр. г. Шахтерска)	180 – Кахо / Кахокогё	о. Кюсю
Сираторидзава/ Карафуто когё (Макаровский район)	315 – Хираяма / Мэйдзи когё	о. Кюсю
Мороцу / Мороцутангё (Лесогорский район)	50 –Уэда / Уэда Нагаити	г. Дзёбан
Мицуфуку / Сатакэ Киитиро	20 –Уэда / Уэда Нагаити	г. Дзёбан
Наёси / Нан Карафуто когё (совр. г. Лесогорск)	215 – Мокуби / Фуругавакогё	о. Кюсю
Тоёхата / Тоёхата Танко	70 – Сэкимото / Сэкимототанко	г. Дзёбан
Тоёхата / Тоёхата Танко	70 – Ямаити / Ямаититанко	г. Дзёбан
Конан / Тоакогё	130 – Ода / Ходзётанко	г. Дзёбан
Кита Одзава / Нан Карафуто сэкитантэцудо	410 – Такатори / Мицубиси когё	о. Кюсю
Нисисакутан / Мицуи Кодзан (совр. п. Бошняково)	370 – Ямано / Мицуикодзан	о. Кюсю
Амбэцу / Нитэцу когё (район г. Невельск)	130 – Футасэ / Ниттэцу когё	о. Кюсю
Торо / Нан Карафуто сэкитантэцудо (совр. г. Шахтерск)	520 – Сакито / Мицубиси когё	о. Кюсю
Охира / Карафуто когё	130 – Отори / Отори танко	о. Кюсю
Охира / Карафуто когё	390 – Такамацу / Ниппон когё	о. Кюсю
Итого	3 100	

Как можно увидеть по таблице 6, «повторной вербовке» были подвергнуты 3 100 корейцев, а количество вернувшихся на Сахалин к семьям было ничтожно мало, поскольку возвращение не проводилось официально. Эти рабочие инициируют в послевоенной Японии движение за репатриацию сахалинских корейцев.

После поражения главной союзницы Японии – гитлеровской Германии – в мае 1945 г. положение Японии становится катастрофическим. Объявление Советским Союзом войны 8 августа, а также атомные бомбардировки г. Хиросима и Нагасаки 6 и 9 августа продемонстрировало японскому правительству невозможность продолжения войны. В этих условиях 15 августа по радио был передан рескрипт императора Хирохито о принятии условий Потсдамской декларации. 2 сентября 1945 г. представители японского правительства подписали на борту американского крейсера «Миссури» Акт о без-оговорочной капитуляции, закончив таким образом Вторую мировою войну.

В связи с началом военных действий японская администрация Карафуто провела частичную эвакуацию гражданского населения (женщин и детей) из южных районов Карафуто, в основном из г. Отомари (Корсаков), Рудака (Анива), Хонто (Невельск). Эвакуированные выезжали на Хоккайдо, причем их число достигло 40 тыс. человек.[11]

---

11) РГАСПИ. Ф. 17. Оп. 122. Д. 92. Л. 2.

Несомненно, что среди эвакуированных были и корейцы, но численность последних подсчитать не представляется возможным.

По условиям, которые согласовали между собой державы-союзницы по антигитлеровской коалиции, было решено передать Советскому Союзу Южный Сахалин и Курильские острова. Южно-Сахалинская и Курильская десантная операции, начавшиеся 11 августа 1945 г., позволили к 26 августа советским войскам полностью занять Карафуто и Тисима. В 1947 г. эти территории были объединены с Северным Сахалином и образовали Сахалинскую область в составе РСФСР.

На момент вступления Красной Армии на территорию Южного Сахалина, его население составляло около 370 тыс. человек. В Отомари и Тойохара скопилось более 30 тыс. беженцев, причем часть из них ушла в горы. Всего беженцев насчитывалось 64 тыс. человек. Корейцев на Южном Сахалине было 23 498 человек, из них 15 356 мужчин и 8 142 женщин.[12]

Таков был итог периода, имевший важное значение в истории сахалинской корейской диаспоры. На территорию губернаторства Карафуто в составе Японской колониальной империи шла миграция корейского этнического населения

---

[12] РГАСПИ. Ф. 17. Оп. 122. Д. 92. Л. 2.

преимущественно с юга Корейского полуострова. Основная миграция эта была двух видов – приезд корейцев для работы в промышленности острова (которая отличалась по сравнению с Кореей более высокими заработками) и принудительная мобилизация корейского населения в соответствии с законами военного времени. В 1945 г., после перехода Южного Сахалина Советскому Союзу по результатам Второй мировой войны именно эти трудовые мигранты и принудительно мобилизованные рабочие составят основное ядро сахалинской корейской диаспоры.

По результатам Второй мировой войны Южный Сахалин и Курильские острова вошли в состав Советского Союза, а на Корейском полуострове были образованы два независимых государства – КНДР на севере и Республика Корея на юге полуострова. Эти изменения в политической ситуации имели немалое значение для судеб корейской общины Сахалина. В частности, результатом этих изменений стали перемены в представлениях членов корейской общины о своей этнической идентичности. Именно эти изменения являются главной темой настоящей статьи.

Проведенная в 1946 г. советской администрацией регистрация населения показала, что на тот момент на Сахалине насчитывалось 24 774 корейца.[13]

---

13) ГИАСО. Ф. Р-171. Оп. 3. Д. 6. Л. 45.

В 1946–1949 гг. корейская община пополнилась за счет рабочих, которые приехали на Сахалин из северной Кореи для работы по трудовым договорам. В основном северокорейские рабочие приезжали для работы в рыбной, угольной и лесной промышленности. В период с 1946 по 1949 гг. из северной Кореи на Сахалин приехало 26 065 чел., а вернулись обратно по истечении трудовых договоров 14 393 чел.[14] Как мы видим, в результате на Сахалине осталось около 11,5 тысяч человек – выходцев из северной Кореи. В последующие годы их постепенно отправляли на родину, так что к 1962 г. выходцев из Северной Кореи осталось на Сахалине 3851 человек (вместе с членами семей).[15] К тому времени 715 человек из их числа приняло советское гражданство.[16]

Кроме того, в Северную Корею для учебы и работы в 1960-х гг. отправилась некоторая часть корейцев – дети тех, кто приехал на Сахалин до 1945 г. Частью сахалинской корейской диаспоры стали и корейцы из республик Средней Азии, которых в 1940–1950-е гг. отправляли по партийной линии на послевоенный Сахалин для работы с местным населением.

При переходе Сахалина под юрисдикцию СССР перед

---

14) ГИАСО. Ф. 53. Оп. 1. Д. 109. Л. 27.
15) ГИАСО. Ф. П-4. Оп. 63. Д. 1. Л. 5.
16) ГИАСО. Ф. П-4. Оп. 63. Д. 1. Л. 5.

советской администрацией встало множество проблем. Одной из основных стала организация репатриации японского населения острова на родину. Репатриация была проведена в течение 1946–1949 гг., когда около 300 тыс. чел. были переселены в Японию[1, с. 258]. Несмотря на то, что корейское население Сахалина ожидало репатриации на южную часть Корейского полуострова (большинство было выходцами именно с территории современной Республики Кореи), репатриация этнических корейцев советским правительством так и не была проведена. Основная причина, скорее всего, кроется в начавшейся практически сразу после Второй мировой войны холодной войне между СССР и США. По этой причине СССР так и не установил дипломатических отношений с Южной Кореей, которая оказалась в сфере влияния Соединенных Штатов.

Все население Южно-Сахалинской области (включая и Курильские острова) по состоянию на 1 июля 1946 г. насчитывало 305 800 человек, а по национальному составу делилось следующим образом: 277 649 японцев, 27 098 корейцев[17], 406 айнов, 288 ороков (ульта), 81 эвенк, 24 нивхов, 11 нанаец, 103 китайца, 27 поляков, 97 русских-

---

17) Разные цифры численности корейского населения Карафуто в различных документах отражают общую картину хаоса на островах в первый послевоенный период. Цифры частью брались из японских официальных источников, частью «прикидывались на глаз» Гражданской администрацией Южного Сахалина и Курильских островов.

старопоселенцев, прочих – 16 человек.[18)]

После окончания Второй мировой войны перед союзниками-государствами антифашисткой коалиции встала проблема репатриации населения с территорий, находящихся под их контролем. Советский Союз, приобретя территории будущих Сахалинской и Калининградской областей, провел репатриацию японского и немецкого населения, соответственно, в Японию и Германию.

Япония, подписав 2 сентября 1945 г. Акт о капитуляции перед державами-победительницами, не обладала государственным суверенитетом, правительство и император подчинялись Верховному Главнокомандующему союзными войсками вплоть до подписания мирного договора в Сан-Франциско в 1952 г. До 1951 г. эту должность занимал генерал Дуглас Макартур, а в 1951–1952 гг. – генерал Мэтью Риджуэй. Именно Штаб Верховного главнокомандующего (далее – SCAP) был местом, где принимались все основные решения, касающиеся американской зоны оккупации в Восточной Азии, включая Японию и южную часть Корейского полуострова.

Для выполнения существовавших международных соглашений по репатриации населения с приобретенных территорий, представители США и СССР провели несколько

---

18) ГИАСО. Ф. Р-171. Оп. 3. Д. 5. Л. 9-10.

встреч (в 1945 г. они встречались 13 раз, в 1946 – 1 раз, в 1947 г. уже не встречались).[19] Несмотря на то, что в этих переговорах непосредственно затрагивались интересы японского и корейского населения, ни представители Японии, ни представители северной и южной частей Кореи приглашены не были. Поскольку эти территории находились под контролем США и СССР, эти державы и решали все международные вопросы, включая и вопрос о репатриации. Японское правительство несло все расходы по проводимой репатриации, но при этом в принятии решений не участвовало. Представляется, что какова бы ни была позиция японских или корейских властей по вопросу репатриации (в том числе и репатриации корейского населения с Сахалина и Курильских островов), никакой возможности выразить эту позицию и повлиять на окончательное решение державы-победительницы им не представили.

Согласно заключенному 19 декабря 1946 г. американо-советскому соглашению по вопросу репатриации с территории, которая контролировалась СССР, возвращению в Японию подлежали все японские военнопленные и гражданские лица (последние в добровольном порядке). С территории Японии подлежали репатриации на

---

[19] ГА РФ. Ф. Р-9526. Оп. 1. Д. 509. Л. 123.

территорию, подконтрольную СССР, 10 тыс. корейцев, которые были выходцами с северной части Корейского полуострова [31, с. 401–404].

Надо сказать, что если репатриация японского населения была проведена успешно, то планировавшийся вывоз 10 тыс. корейцев не был осуществлен по той причине, что на пункт сбора к моменту убытия корабля явилось только 230 человек. Сделав несколько запросов в SCAP, советское командование приняло решение, что «репатриация по указанию МИДа отложена на неопределенный срок».[20]

Некоторые особенности процесса и хода репатриации японского населения с территории Южного Сахалина и Курильских островов необходимо изучить более подробно, поскольку они оказали влияние и на репатриацию корейцев Сахалинской области.

Управление по гражданским делам под руководством Д.Н. Крюкова должно было сосредотачивать лиц японской национальности в лагере № 379 в г. Маока, а оттуда на предоставляемых американцами кораблях (и сами корабли, и экипажи были японскими) репатрианты вывозились на о. Хоккайдо. По постановлению Совета Министров СССР управление по гражданским делам обязывалось с апреля по ноябрь ежемесячно перевозить в г. Маока 30 тыс. японцев (с

---

20) ГАРФ. Ф. Р-9526. Оп. 1. Д. 509. Л. 36, 110.

декабря по март репатриация не проводилась в связи с отсутствием навигационных условий). Репатриация началась в 1946 г, а к июню-июлю 1949 г. из Сахалинской области были репатриированы все японцы, кроме подавших личное заявление о желании остаться на Сахалине. Всего было вывезено 272 335 человек гражданского населения и 8 303 военнопленных [40, с. 26–30].

Несмотря на то, что репатриация японцев прошла в целом успешно и в сжатые сроки, во время ее проведения возникало множество проблем. В справке от 19 июня 1947 г. «по вопросу репатриации японского гражданского населения с территории Южного Сахалина и о препятствиях, чинимым Сахалинским Облисполкомом в сосредоточении контингента в лагерь № 379 – Маока»[21] сообщалось, что военное командование в течение 1946-47 гг. постоянно напоминало Д.Н. Крюкову (иногда также и секретарю Сахалинского обкома партии Д.Н. Мельнику), что необходимо сосредотачивать по 30 тыс. японцев ежемесячно в лагере № 379. Однако указания военного командования Сахалинским обкомом не выполнялись, несмотря на угрозы возложить на обком или лично на Д.Н. Крюкова ответственность за срыв планов репатриации.[22] В частности гражданские власти наотрез отказались репатриировать японцев,

---

21) ГАРФ. Ф. Р-9526. Оп. 1. Д. 509. Л. 167–169.
22) ГАРФ. Ф. Р-9526. Оп. 1. Д. 510. Л. 54.

проживавших вблизи железнодорожных линий, предложив сначала выселить людей из Углегорского и Лесогорского районов, что ставило ход репатриации в зависимость от Морфлота и погодных условий.[23]

Д.Н. Крюков в личной беседе 27 марта 1947 г. заявил, что он «никаких указаний от Правительства о репатриации японцев не имеет и направлять японцев в лагерь не будет».[24] В апреле 1947 г. Крюков запретил сосредотачивать японцев в лагере № 379, мотивируя свое распоряжение отсутствием указаний правительства. Из-за этого командующему Дальневосточного военного округа генерал-лейтенанту Александрову пришлось просить заместителя председателя правительства о немедленном распоряжении для точного выполнения постановления Совета Министров СССР.[25] Кроме того, Крюков также заявлял, что у него нет выписки из постановления правительства, которая обязывала бы лично его заниматься вопросом сосредоточения контингента репатриантов в лагерь.[26]

Д.Н. Крюков называл и причину своего поведения – отрыв японского населения от сфер производства, в которых они были заняты, грозил невыполнением государственного

---

23) ГАРФ. Ф. Р-9526. Оп. 1. Д. 509. Л. 50, 111–112.

24) ГАРФ. Ф. Р-9526. Оп. 1. Д. 510. Л. 24.

25) ГАРФ. Ф. Р-9526. Оп. 1. Д. 509. Л. 26.

26) ГАРФ. Ф. Р-9526. Оп. 1. Д. 510. Л. 55.

плана по промышленности и сельскому хозяйству. Чтобы предотвратить срыв плановых заданий, Д.Н. Крюков предложил снизить темпы репатриации гражданского населения с 30 тыс. до 10 тыс. человек в месяц. Военное командование ответило, что такое решение проблемы неприемлемо, поскольку в этом случае возникает необходимость увеличить темп репатриации военнопленных вместо 20 тыс. до 40 тыс., что «крайне нежелательно – военнопленные как организованная рабочая сила приносят больше пользы на работах в народном хозяйстве, нежели гражданское население, где на одного работающего приходится 2-3 неработающих члена семьи».[27]

Иными словами, Д.Н. Крюков и гражданские власти Южного Сахалина и Курильских островов испытывали глубокую тревогу по причине нехватки рабочих рук и по мере возможности сопротивлялись репатриации японского населения.

По состоянию на 10 июня 1947 г. с территории Сахалина было репатриировано гражданского японского населения 77 076 человек, и по плану в том же году необходимо было вывезти еще 179 892 японца, а в 1948 г. – 16 213 человека.[28] Однако к этому времени русских переселенцев было принято на острове всего 4 010 семей (3 001 для работы в

---

27) ГАРФ. Ф. Р-9526. Оп. 1. Д. 509. Л. 168–169.
28) ГАРФ. Ф. Р-9526. Оп. 1. Д. 509. Л. 168–169.

рыбной промышленности и 1 009 для работы в сельском хозяйстве [41, с. 69]). Несмотря на то, что по плану во второй половине 1947 – начале 1948 гг. Переселенческое управление при СМ СССР обязывалось переселить 2 500 семей рыбаков-колхозников [41, с. 76], а в 1949 г. – еще 1 700 семей, этого было явно недостаточно. Существовавший огромный разрыв между количеством выезжающих с Сахалина японцев и прибывающих им на смену советских переселенцев делает понятным тревогу Д.Н. Крюкова и гражданских властей Южного Сахалина и Курильских островов.

Стремясь снять остроту проблем с рабочей силой на Сахалине, в 1948 г. Совет Министров СССР даже пошел на крайние и достаточно необычные меры. В марте в северную Корею в срочном порядке без оформления были направлены три парохода «Кулу», «Новосибирск» и «Капитан Смирнов» для срочного завоза на Сахалин 13 500 северокорейских рабочих (из них иждивенцев 7 000 чел.) для работы в рыбной промышленности.[29]

В конце концов, Д.Н. Крюков убедил руководство страны, что репатриация наносит ощутимый вред планам по промышленности и сельскому хозяйству области и его позицию поддержали, запретив снимать японцев с

---

[29] ГАРФ. Ф. 5446сч. Оп. 50а. Д. 5783. Л. 2, 4, 8.

производства, сначала заместитель председателя Совета Министров Л.П. Берия и министр внешней торговли А.И. Микоян[30], а потом и председатель СМ СССР А.Н. Косыгин.[31] Репатриация японского населения, как указывалось выше, все равно завершилась в середине 1949 г., но сама ситуация ясно показывает, насколько промышленность Сахалинской области нуждалась в рабочих руках именно в этот период.

Однако помимо японского населения, на Сахалине и Курильских островах присутствовало и корейское население, вопрос о репатриации которых также стоял на повестке дня. Вместе с тем, вопрос о корейцах на Сахалине не был включен в вышеупомянутое советско-американское соглашение о репатриации, потому и требовал отдельного решения.

19 июня 1947 г. в справке к шифрограмме на имя министра иностранных дел В.М. Молотова указывалось, что на территории Южного Сахалина учтено 23 298 человек корейской национальности, «о репатриации которых никто никому указаний не давал». Тем не менее, вопрос необходимо было решать, поскольку корейцы высказывали вполне определенные репатриационные настроения.

Например, в справке от 7 октября 1947 г. тому же В.М. Молотову сообщалось, что «эти корейцы неоднократно

---

30) ГАРФ. Ф. Р-9526. Оп. 1. Д. 510. Л. 24.
31) ГАРФ. Ф. Р-9526. Оп. 1. Д. 509. Л. 233.

обращались к местным советским органам и к Советскому военному командованию с просьбой репатриировать их в Корею. С подобной просьбой 23 апреля сего года обратился к тов. И.В. Сталину кореец с Южного Сахалина Ким Ден Ен. В связи с письмом Ким Ден Ена на имя тов. Сталина тов. Малик запрашивал заинтересованные ведомства относительно возможности репатриации корейцев с Южного Сахалина в Корею в текущем году»[32] (на Курильских островах корейского населения, как уже указывалось, не было).

В 1946 г. сахалинские власти докладывали в Москву, что «хуже других ведут себя корейцы, с их стороны были отказы от работы, два случая массовых собраний, требования отправить их в Корею».[33]

Начальник отдела ДВВО полковник Распопин докладывал о настроениях корейцев выехать с Южного Сахалина неоднократно в течении всего 1947 г., причем подчеркивал, что корейцы, видя репатриацию японцев, особенно болезненно воспринимают задержку.[34]

Вопрос этот уже принимал международные рамки. 25 сентября 1947 г. ТАСС докладывал из Шанхая: «Местная печать опубликовала сообщение агентства Ассошиэйтед Пресс из Сеула, в котором говорится: «21-летний кореец,

---

32) РГАСПИ. Ф. 82. Оп. 2. Д. 1264. Л. 1-2.
33) ГИАСО. Ф. 171. Оп. 3. Д. 7. Л. 122.
34) ГАРФ. Ф.Р-9526. Оп. 4. Д. 54. Л. 416.; РГАСПИ. Ф. 17. Оп. 122. Д. 92. Л. 2.

обманувший русских фальшивыми документами и бежавший с острова Сахалина, рассказал, что русские отказываются репатриировать 40 тыс. корейцев с этого острова на том основании, что Корея еще не имеет правительства. 95% проживающих на Сахалине корейцев хотят вернуться на родину. Но все их просьбы, адресованные командующему советской армии о репатриации остаются без внимания».[35]

В связи с обстановкой, 3 декабря 1947 г. генерал-полковник Голиков послал В.М. Молотову доклад следующего содержания: «По уточненным данным, на Южном Сахалине проживает 23 298 чел. корейцев, которые, видя проводимые мероприятия по репатриации японцев, настойчиво выдвигают вопрос об отправке их на родину. Со своей стороны полагал бы возможным начать репатриацию указанного числа корейцев в Северную Корею во второй половине 1948 г., о чем вопрос мною согласован с председателем облисполкома Южного Сахалина, со штабом 25-ой армии (Сев. Корея) и с Морфлотом».[36]

27 декабря того же года военное командование на Дальнем Востоке опять запрашивало указания правительства о репатриации корейцев Южного Сахалина. Запрос содержал следующие данные: «в связи с общей подготовкой

---

35) РГАСПИ. Ф. 82. Оп. 2. Д. 1264. Л. 4.
36) ГАРФ. Ф. Р-9526. Оп. 5. Д. 53. Л. 13.

к репатриации на 1948 г., был возбужден вопрос перед В.М. Молотовым о возможности репатриации корейцев, и представлен проект постановления правительства (3 декабря 1947 г. № 05118). Предварительно этот проект нами был согласован: 29 октября сего года запросили мнение т. Крюкова, который сообщил (6 ноября сего года № 78/су) о том, что корейцев целесообразно репатриировать во второй половине 1948 г.; на наш запрос 14 ноября 1947 г. за № 333ор поступил ответ т. Николаева (Зам. ПримВО) о возможности репатриации и расселении корейцев на летний период; Морфлот на наш запрос сообщил, что перевозка их может быть обеспечена во второй половине 1948 г. Представляя проект постановления правительства, в письме к В.М. Молотову было изложено мнение генерал-полковника т. Голикова о возможности репатриации корейцев во второй половине 1948 г. Это и правильно, ибо задержка 23 000 корейцев, как рабочей силы для нас погоды не делает, а репатриация их в Северную Корею крайне целесообразна».[37] К докладу Голикова был приложен и проект постановления Совета Министров СССР.

Документ этот показывает, что советские власти на тот момент не просто поддерживали репатриацию в принципе, но даже и приняли конкретные меры по ее подготовке.

---

37) ГАРФ. Ф. Р-9526. Оп. 4. Д. 54. Л. 416.

Однако данный проект репатриации так и не был подписан. Параллельно с запросами и проектами военного командования, гражданское управление Южно-Сахалинской области также вело переписку с правительством, и эта переписка объясняет, почему планировавшаяся репатриация так в итоге и не состоялась.

17/18 ноября Зам. Председателя Совета Министров РСФСР А. Гриценко сообщил Уполномоченному Совета Министров СССР по делам репатриации граждан СССР Ф.М. Голикову о докладе сахалинского облисполкома. В докладе сообщалось, что на территории Южного Сахалина остается 112 480 японцев и 23 298 корейцев, которые по плану должны быть репатриированы с Южного Сахалина в 1948 году. Однако «ввиду того, что завоз рабочей силы для предприятий Южного Сахалина, предусмотренный постановлением Совета Министров СССР от 28 августа 1947 года № 3014, будет осуществляться в течение 1948 года, а репатриация японцев и корейцев, намеченная в основном в первой половине 1948 года, может повлечь за собой остановку действующих промышленных предприятий, облисполком просит отсрочить репатриацию корейцев до конца 1948 года. Совет Министров РСФСР считает целесообразным согласиться с просьбой Сахалинского облисполкома».[38]

---

38) ГАРФ. Ф. Р-9526. Оп. 5. Д. 53. Л. 14.

4 января 1948 г. Заместитель Министра иностранных дел Малик передает Я.Е. Чадаеву текст следующего содержания: «Крюков с Южного Сахалина сообщает, что поступило лишь несколько заявлений от группы корейцев, утверждающих, что они являются выходцами из Южной Кореи, с просьбой репатриировать их в Южную Корею. На основании этих заявлений нельзя делать вывода о том, что все 23 000 корейцев, проживающих на Южном Сахалине, желают репатриироваться в Корею. Таких данных нет и у тов. Крюкова. Необходимости принудительного переселения корейцев с Южного Сахалина, по-видимому, также пока не имеется, по крайней мере до окончания репатриации японцев. Более того, в связи с репатриацией японцев с Южного Сахалина, промышленность и рыболовство Южного Сахалина ощущают острый недостаток в рабочей силе. Репатриация корейцев еще более обострит этот вопрос.

Исходя из вышеизложенного, МИД СССР считает, что проводить массовую репатриацию корейцев с Южного Сахалина в 1948 году не следует.

Что же касается заявлений отдельных корейцев о выезде их в Корею, то эти заявления следует рассматривать в обычном порядке и решать вопрос по каждому заявленному отдельно».[39]

По этому докладу видно, что Д.Н. Крюков всячески стремился воспрепятствовать репатриации корейского населения, и в оправдание своей позиции приводит различные, в том числе и явно несоответствующие действительности, доводы. Вызывает сомнение, что репатриационное настроение корейцев, о котором неоднократно докладывало военное командование, могло исчезнуть в одночасье без каких-либо видимых причин. Основания для таких действий у Д.Н. Крюкова были те же, что и в случае с репатриацией японцев – нехватка рабочей силы на острове.

В итоге Д.Н. Крюков и поддерживавшие его местные управленцы добились своего: Совет Министров РСФСР и Министерство Вооруженных Сил СССР сообщили, что вследствие создавшегося на предприятиях Южного Сахалина напряженного положения с обеспечением рабочей силой, производить репатриацию корейцев с Сахалина до осени 1948 года нецелесообразно. В докладной записке Я.А. Малик просил В.М. Молотова согласиться с мнением Совета Министров РСФСР и Министерства Вооруженных Сил СССР и репатриацию корейцев с Южного Сахалина в Корею отложить. В.М. Молотов на доклад

---

[39] ГАРФ. Ф. Р-9526. Оп. 5. Д. 53. Л. 16.

наложил следующую резолюцию: «Не возражаю (плюс надо сказать хоз. органам, чтобы они постарались материально заинтересовать корейцев пребыванием на Сахалине)».[40]

В соответствии с этим решением были даны указания Совмину РСФСР и Южно-Сахалинскому Облисполкому. Кроме того, на запрос Я.Е. Чадаева о возможных мероприятиях по закреплению корейцев на работе в промышленности на Сахалине было сообщено, что в правовом отношении корейских рабочих, проживающих на Южном Сахалине, следует приравнять к советским рабочим. Также Совет Министров СССР вынес решение за № 3014, которое предусматривало установление для корейских рабочих одинаковых с русскими рабочими окладов зарплаты, одинаковых норм снабжения продуктами и промтоварами, а также выдачу им риса взамен полагавшегося русским рабочим хлеба (по норме: для рабочих 500 гр. риса и для членов семей по 300 гр.).[41]

Вышеизложенный проект репатриации в Северную Корею корейского населения Сахалина объясняет странное отсутствие упоминаний о сахалинских корейцах в соглашении между СССР и США. Ни США, ни подконтрольные им в тот период страны (Япония и Южная Корея) не должны были принимать участия в этом плане репатриации.

---

40) РГАСПИ. Ф. 82. Оп. 2. Д. 1264. Л. 1-2.
41) РГАСПИ. Ф. 82. Оп. 2. Д. 1264. Л. 1-2.

Представляется, что первоначальный план не был осуществлен именно по волевому решению советских властей, которые при этом руководствовались внутренними проблемами, по преимуществу – экономического характера. На том историческом этапе вряд ли можно предположить, что руководство Северной Кореи могло воспротивиться любому решению Советского Союза в этом вопросе.

Несмотря на то, что как указывалось выше, большинство корейского населения Сахалина было родом из южной части Кореи, несостоявшийся проект репатриации мог бы быть вполне приемлемым решением этой проблемы. По мнению исследователей, вплоть до начала Корейской войны 1950-53 гг., граница между двумя корейскими государствами охранялась очень слабо, поэтому желающие сравнительно легко могли ее перейти [68, с. 49–50].

Тем не менее, следует обратить внимание и на тот факт, что в 1948 г. советские власти решили только отложить репатриацию, не отказываясь от нее в принципе. Главную роль в принятии этого решения сыграла острейшая нехватка рабочей силы, которая создалась на Сахалине после репатриации японского населения. Поскольку репатриация японского населения была завершена в 1949 г., автору представляется возможным, что возвращение корейцев на родину было отложено как минимум до 1950 г.

Однако упомянутый проект репатриации, несмотря на то,

что автору он представляется важнейшим, был не единственным. В Национальном архиве США хранятся документы SCAP, которые имеют непосредственное отношение к сахалинским корейцам. Документы эти были обнаружены и опубликованы корейскими исследователями [105].

Вопрос о репатриации корейцев Сахалина в Японии возник уже в 1945 г., когда корейцы с Карафуто, подвергшиеся «повторной вербовке» в 1944 г., и находившиеся соответственно на о. Кюсю (на шахтах Ямаити и Секимото) устроили забастовку. Они отказались работать и возвращаться в Корею[42] до тех пор, пока не будут возвращены их семьи, оставшиеся на Сахалине [110, с. 246–247].

14 декабря 1945 г., SCAP, чтобы разобраться в ситуации, приказал командующему 9-й армией составить список имен и сахалинских адресов тех членов семей, которые остались на Сахалине. Одновременно, штаб сообщал, что никакой репатриации с территорий подконтрольных СССР не проводится [105, с. 217].

20 февраля 1946 г. SCAP пересылает список имен и адресов сахалинских корейцев Начальнику штаба сухопутных войск США в Вашингтон с запросом решить этот вопрос через дипломатические каналы. Список включал в себя имена и

---

[42] В этот период шла массовая репатриация корейского населения Японии на южную часть Корейского полуострова под контролем SCAP, всего возвратилось на родину около полутора миллионов корейцев. Подробнее об этом, см. [7]

адреса 18 корейцев, устроивших забастовку на Кюсю, и 60 членов их семей, оставшихся на Сахалине [105, с. 220–224].

21 марта 1946 г. из Вашингтона пришел ответ с предложением обратиться с этим вопросом в русскую миссию в Японии, в частности рекомендовали обратиться к генерал-лейтенанту А.П. Кисленко, представителю СССР в Союзном совете для Японии. Были подготовлены и черновики писем к А.П. Кисленко, с просьбой завершить репатриацию японцев с территорий под советским контролем репатриацией всех желающих выехать корейцев Сахалина в Корею. Транспортировку предполагалось осуществить через Маока, по тому же пути, по которому проходила на тот момент вывозка японского населения Сахалина и Курильских островов [105, с. 229–231].

26 октября 1947 г. представитель «Ассоциации скорейшего осуществления репатриации корейцев с Сахалина» (созданной в Сеуле) Ли Пон Сон, обратился с пространным обращением к генералу Макартуру о содействии в репатриации корейцев Сахалина. По мнению Ли Пон Сона, корейцев на Сахалине и Курильских островах было около 40 тыс. человек, и они должны быть возвращены в южную Корею как можно быстрее, поскольку являются жертвами японского милитаризма и не являются врагами союзных сил [105, с. 236–237].

1 ноября 1947 г. генерал-лейтенант Джон Ходж,

командующий 24-й армией США в Южной Корее, запросил у генерал-майора Пола Миллера, начальника штаба SCAP, любую информацию, которую SCAP имеет о корейцах Сахалина, поскольку «у нас тут несколько последних репатриантов с Советского Сахалина рассказывают страшные истории о грубом обращении, нас со всех сторон просят что-то сделать с этим» [105, с. 238].

9 декабря 1947 г. SCAP на это послание прислал ответ следующего содержания:

«В ответ на ваше письмо от 1 ноября 1947 г. начальнику штаба, о репатриации корейцев с Сахалина, главнокомандующий союзными войсками считает необходимым предложить советскому представителю союзного совета для Японии, организовать транспортировку с Сахалина для всех корейцев, кто происходит с южной части Кореи от 38 параллели и желает репатриироваться. Пароходы будут доступны в порту Маока для транспортировки того количества корейцев, которое советские представители назовут. Мы не представляем себе точное количество корейцев, находящихся ныне на Сахалине, однако по мнению Ли Пон Сона, их около 40 тыс. человек. Ваше мнение об этом предмете очень желательно до того, как мы предпримем вышеназванные действия» [105, с. 241].

Ответное письмо в SCAP от 24 февраля 1948 г. от штаб-квартиры военной администрации в Корее гласило: «Со времени завершения войны, количество возвращающихся репатриантов оценивается более чем в 2,8 мил. человек, что в максимальной степени увеличивает нагрузку на существующие службы в деле обеспечения репатриантов и беженцев продовольствием, одеждой и жильем. И так чрезмерная нагрузка на южнокорейскую экономику примет еще большие размеры в зимний период. Следовательно, в настоящее время не желательно SCAP брать на себя обязательства принять дополнительные тысячи репатриантов с Сахалина и Курильских островов, даже если они родом с юга от 38 параллели. Однако, необходимо выяснить у советского представителя Союзного Совета для Японии информацию о количестве тех корейцев, которые находятся на Сахалине и Курильских островах и были перемещены туда японскими милитаристами. Если это может быть сделано без каких-либо обязательств в отношении репатриации, то такая информация была бы полезна в деле оценки ситуации в южной Корее» [105, с. 243].

10 марта 1948 г. вышеназванный Ли Пон Сон опять направил петицию в SCAP. В письме он, ссылаясь на «надежные источники», утверждал, что на Сахалине насильно удерживаются 30 тыс. корейцев, которые используют все возможные методы, чтобы добиться репатриации, но усилия их безрезультатны, а переговоры с

советскими чиновниками заходят в тупик. К сожалению, констатирует Ли Пон Сон, в Корее нет национального правительства, которое может провести репатриацию или обратиться с заявлением к правительству СССР, поэтому эту функцию должен взять на себя SCAP и подчиняющееся ему американское военное командование в Корее. Также Ли Пон Сон утверждал, что из тех же достоверных источников ему известно, что с Сахалина ежемесячно репатриируют по плану 150 тыс. японцев. Он также настойчиво просил о включении в этот план репатриации корейского населения [105, с. 245].

В SCAP опять составили письмо к генерал-лейтенанту А.П. Кисленко (за все время этих черновиков составили несколько), однако и это письмо опять не было отправлено. Главным доводом в подтверждении этого является не только отсутствие каких-либо упоминаний о таких действия SCAP в российских архивах, но и тот факт, что ни тогда, ни позже американское командование не знало о точном количестве корейцев на Сахалине и Курильских островах, довольствуясь слухами и газетными публикациями. Представляется, что причину такой нерешительности SCAP следует искать в заключениях, озвученных на совещании 11 марта 1948 г. Заключения эти основывались на том, что «любые действия, которые SCAP предпримет, могут поставить его в такое положение, когда избежать репатриации будет трудно, а отказ от этой программы станет для СССР приглашением к критике SCAP» [105, с. 246].

После этого в SCAP продолжилась дискуссия о репатриации корейцев Сахалина и Курильских островов. Высшие военные чины постановляли, что корейцев репатриировать необходимо, тем более что численность последних меньше заявленной в петиции Ли Пон Сона – как они считали в тот момент, всего 15 тыс. человек. При этом предполагалось, что репатриация будет проходить в рамках репатриации японцев с Сахалина – на кораблях SCAP из Маока, потом в Сасебо для обработки и проверки, а оттуда уже репатрианты без труда будут доставлены в Пусан. Обсуждались слухи от японских репатриантов о том, что «СССР завозит большое количество корейцев из северной Кореи для промышленных и сельскохозяйственных работ для замены тех, кто уезжает в Японию» (как мы знаем, эти слухи были справедливы). Вместе с тем, опять приводилось мнение военного командования 24-й армией, размещенной в Корее, что тысячи репатриантов с Сахалина и Курил станут дополнительной и нежелательной нагрузкой на экономику Южной Кореи. После этого напоминалось, что ни по Потсдамской декларации, ни по последующему Акту о капитуляции Японии СССР не обязывался проводить репатриацию со своей территории никого, кроме японцев. В этой связи, разумеется, говорилось и о том, что и SCAP на себя такие обязательства также не брал. Но между тем, «гуманная американская политика» в Китае и Маньчжурии все же предусматривала репатриацию с этих территорий корейского населения, которое в принципе покинуло родину так же, как корейцы бывшего Карафуто. Американским военным командованием одновременно признавалось и желательным связаться все-таки с советским представителем, и нецелесообразным выдвигать открытые предложения военному командованию СССР, так как такие предложения вынудили бы американскую сторону к принятию на себя достаточно серьезных обязательств [105, с. 252–253].

4 апреля 1949 г. уже корейская дипломатическая миссия в Токио (Республика Корея была образована 15 августа 1948 г., а следовательно у Южной Кореи появилось официальное правительство) делает запрос дипломатической миссии SCAP с просьбой о содействии в репатриации корейцев с Сахалина, а также просит предоставить любую информацию о численности сахалинских корейцев и существующих на тот момент условиях американо-советских соглашений о репатриации. Свою просьбу корейская дипмиссия обосновала тем, что общественное мнение в Корее требует решить вопрос о возвращении корейцев с Сахалина и Курил [105, с. 259].

Это послание сразу вызвало запрос американской

дипмиссии в SCAP о том, какой именно информацией можно с корейской дипмиссией поделиться. При этом в сопроводительной записке говорилось уже о «100-150 тысячах корейцев», якобы оставшихся на Южном Сахалине после войны. В итоге корейская дипмиссия получила ответ, что SCAP никакой информацией о корейцах на Сахалине не располагает [105, с. 261–263].

Точку в этих, практически бесплодных обсуждениях и переписках поставил ответ SCAP на второй запрос корейской дипломатической миссии от 14 июня 1949 г. [105, с. 269]. В этом ответе четко объяснялось, что по советско-американскому соглашению от 19 декабря 1946 г. (основанному на принятии условий Потсдамской декларации Японией) репатриации с территорий, подконтрольных СССР, подлежат только японские военнопленные и только в Японию. Поэтому SCAP предлагал корейскому правительству обратиться по поводу этого дела непосредственно к правительству СССР, а поскольку с означенным правительством дипломатические отношения у Южной Кореи отсутствовали, южнокорейскому правительству советовалось воспользоваться посреднической помощью того правительства, которое имеет официальные дипломатические отношения с обеими странами [105, с. 273]. Практически, на дипломатическом языке это означало категорический отказ SCAP заниматься вопросом репатриации корейского населения с Сахалина и Курильских островов.

Таким вот странным образом совпали интересы двух сверхдержав – СССР, который был заинтересован в сохранении корейских рабочих в промышленности новоприобретенных территорий, и США, военный штаб командования которых отказался взвалить на себя лишние проблемы принятия и размещения нескольких тысяч корейцев Сахалина и Курильских островов. Большие геополитические соображения решили судьбу людей, которые оказались на территории чужого государства не по своей воле и были лишены права вернуться на родину.

Таковы были условия и исторические обстоятельства, сопутствующие миграции и несостоявшейся репатриации корейцев в первый послевоенный период, обстоятельства, которые сделали возвращение корейцев на родину невозможным. По мнению автора, только в 1945–1950 гг. проведение репатриации могло осуществиться в том виде, в котором она могла удовлетворить заинтересованные стороны. В 1950 г. началась Корейская война, и репатриация сахалинских корейцев стала невозможной по чисто логистическим (да и гуманистическим) соображениям. После окончания Корейской войны накал противостояния социалистического и капиталистического блоков во всем мире был настолько силен, что любые контакты между бывшими странами-союзницами по антигитлеровской коалиции были отравлены взаимными подозрениями и конфронтацией. Именно разделение мира в годы холодной войны на два лагеря и «железный занавес», опустившийся между ними, стали непреодолимой преградой на пути сахалинских корейцев на родину.

Корейское население теперь уже советского Сахалина осталось проживать на острове. Условия переселения и послевоенной обстановки оказали большое влияние на процесс адаптации и этническую идентификацию. Сам адаптационный период под влиянием различных факторов растянулся на долгие годы.

Первым из таких факторов стало постоянное ожидание репатриации на историческую родину. Движение за возвращение не угасало даже в жестко-авторитарные советские времена, приведя к трагическим событиям 1977 г., когда несколько семей сахалинских корейцев за требование репатриации в Республику Корея выселили из СССР в КНДР [55, с. 147–152].

Второй фактор – до 1963 г. на Сахалине действовали национальные корейские школы, открытые советской администрацией для детей корейцев. Преподавание вели на корейском языке, а в качестве учителей выступали выпускники японских школ и советские корейцы из республик Средней Азии. Корейские школы были закрыты в

1963 г. [43, 60]. Существует мнение, что закрытие корейских школ было ошибкой советской администрации, и очень отрицательно повлияло на сохранение корейцами Сахалина родного языка и культуры. В какой-то степени, это, разумеется, правда.

Третий фактор, оказавший влияние на адаптацию корейцев Сахалина – деятельность Генерального консульства КНДР, которое в конце 1950-х гг. было открыто в г. Находка Приморского края. Работники консульства вели активную агитационную работу по привлечению сахалинских корейцев в гражданство КНДР, а также призывали отправиться в Северную Корею на постоянное место жительство. Первые годы эти усилия были достаточно успешными. К 1956 г. 658 корейцев Сахалина приняло гражданство КНДР[43], а к 1962 г. в северокорейское гражданство перешли 11 475 человек, которые до этого являлись лицами без гражданства или японскими подданными.[44] Корейцы Сахалина брали гражданство КНДР надеясь когда-нибудь попасть на историческую родину – упорно ходившие слухи о скором объединении Кореи давали надежду на возможность репатриации.

Однако вскоре интерес к принятию гражданства КНДР пошел на убыль. Методы, применяемые работниками

---

[43] ГИАСО. Ф. 53. Оп. 7. Д. 181. Л. 20.
[44] ГИАСО. Ф. П-4. Оп. 63. Д. 1. Л. 5.

консульства, вызывали разочарование. Да и вести, приходившие по разным каналам от тех, кто уехал с Сахалина на постоянное место жительство в КНДР, подтверждали, что дела там обстоят крайне неблагополучно. В результате всех вышеописанных событий и изменения отношения к КНДР в конце 60-х – начале 70-х гг. начался выход корейцев Сахалина из северокорейского гражданства.

К 1962 г. прибывших по трудовым договорам граждан КНДР на Сахалине осталось 3 851 человек, продолжавших проживать на положении лиц без гражданства – 20 718 человек, а общая численность сахалинской диаспоры превысила 40 тыс. человек.[45]

В 1963 г. состоялось закрытие корейских школ и переход корейских детей в систему образования на русском языке. Несмотря на то, что разрешение поступать в советские институты лицам без гражданства было дано распоряжением Совета Министров СССР в 1956 г. [55, с. 178], лишь малое количество корейских детей могло воспользоваться означенным разрешением из-за слабого знания русского языка и ограниченной возможностью сдать вступительные экзамены. Именно незнание русского языка как основного сильнее всего тормозило процесс адаптации корейского населения и служило препятствием для повышения уровня

_____

[45] ГИАСО. Ф. П-4. Оп. 63. Д. 1. Л. 14.

образованности в среде сахалинской корейской диаспоры.

К 1970-м гг. стало улучшаться общее материальное положение корейского населения Сахалина. Неофициальное разрешение на торговлю продуктами с собственных огородов и знаменитое корейское трудолюбие дали многим корейцам возможность добиться более высокого материального уровня, который часто превышал материальный достаток переселенцев из континентальной части СССР.[46] Повышение материального достатка и общего уровня образованности привело к массовому принятию советского гражданства и началу осознанной адаптации в советское общество, которая в начале 1970-х гг. приняла массовый характер.

В 1970 г. из более чем 35-тысячной корейской диаспоры Сахалина гражданами СССР являлись 19,4 тыс. человек, а число лиц без гражданства уменьшилось до 7,7 тыс. По состоянию на 1989 г. лиц без гражданства осталось только 2,7 тыс., когда как граждан СССР к тому времени стало 32,2 тыс. человек (при том, что между 1970 и 1989 гг. численность диаспоры в целом почти не изменилась). Таким образом, по состоянию на 1989 г. граждане СССР составляли примерно 92 процента от общей численности корейской диаспоры Сахалина. Количество граждан КНДР уменьшилось с 8,3

---

[46] ГИАСО. Ф. П-4. Оп. 159. Д. 86. Л. 4.

тыс. человек в 1970 г. (при численности в 1962 г. в 15 326 человек[47]) до совсем незначительной цифры в 300 человек в 1989 г. [55, с. 164].

Распад СССР и социально-экономический кризис, вызванный событиями 1990-х гг., отрицательно сказался на общем уровне жизни сахалинских корейцев (так же, как и на уровне жизни всех остальных россиян). Поэтому многие старики-корейцы с радостью восприняли весть о появившейся возможности репатриироваться на историческую родину в экономически развитую Южную Корею.

В 2000 г. совместный международный проект позволил переселиться в Республику Корею около 1000 сахалинских корейцев первого поколения. В первую очередь они заселялись в район спальных апартаментов Гохянмаяль в Ансане, позже южнокорейское правительство давало им возможность селиться в социальных квартирах в провинциях Кёнгидо, Северный и Южный Чунчхон, Канвондо, Южный Кенсан [56, с. 149].

За период с 1990 по 2009 гг. (до 2000 г. – в частном порядке) с Сахалина выехало на постоянное место жительства в Южную Корею 3463 человека [24, с. 198–204]. Репатриация вызвала большой резонанс в сахалинском обществе и послужила укреплению связей между Сахалином и Кореей.

---

47) ГИАСО. Ф. П-4. Оп. 63. Д. 1. Л. 5.

Проект

СОВЕТ МИНИСТРОВ СОЮЗА ССР

ПОСТАНОВЛЕНИЕ № ____

_____ 1947 г.   Москва, Кремль

О репатриации корейского населения с Южного Сахалина и Курильских островов в Северную Корею.

1. Разрешить Уполномоченному Совета Министров Союза ССР по
делам репатриации (т.Голикову) в период июль-октябрь м-цы 1948 г.
провести репатриацию корейского населения в количестве 23.298 чел.
с Южного Сахалина и Курильских островов в Северную Корею.

2. Обязать Южно-Сахалинский облисполком (т.Крюкова) в сроки,
определенные планом Уполномоченного Совета Министров СССР по репатриации (т.Голикова), сосредоточить указанный контингент в лагерь 379 (порт Холмск) для последующего направления на родину.

3. Предложить Министерству Морского Флота (т.Ширшову) по заяв-
кам Уполномоченного Совета Министров СССР по делам репатриации
предоставлять суда для сосредоточения указанного числа корейцев в
лагерь 379 (порт Холмск), а также для последующей отправки их в
Северную Корею.

4. Прием всех корейцев, прибывающих с Южного Сахалина в Северную Корею, возложить на гражданскую администрацию военного командования в Северной Корее, с последующей передачей их для расселения Народному Комитету Северной Кореи.

5. Разрешить к вывозу в Северную Корею все личное имущество
репатриируемых корейцев с Южного Сахалина, предусмотренное к вывозу таможенными правилами.

Председатель
Совета Министров Союза ССР

                                        (И.СТАЛИН)

Управляющий Делами Совета
Министров Союза ССР

                                        (Я.ЧАДАЕВ)

Ил. 4. Проект репатриации корейцев Южного Сахалина и
Курильских островов. 1947 г. // ГАРФ. Ф. Р-9526. Оп. 4. Д. 54. Л. 416.

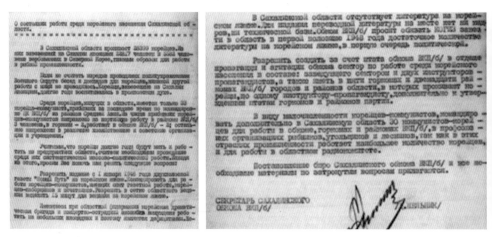

Ил. 5. Справка о состоянии работы среди корейского населения Сахалинской области. 1947 г. // ГИАСО. Ф. П-4. Оп. 1. Д. 332. Л. 214-215.

Ил. 6. Корейская бригада коммунистического труда. 1970 г.

3. Проблемы сахалинских корейцев

Исследуя нарративную историю сахалинских корейцев, замечаешь, что существует набор вопросов, которые волнуют людей в первую очередь, о чем лучше всего сохраняется историческая память. Разумеется, для разных поколений сахалинских корейцев круг вопросов разный. Большую роль играют пережитые исторические события, а также то, что по факту поколения сахалинских корейцев попадали в разные исторические сообщества. Для первого поколения важнейшими были вопросы выживаемости при японском правлении, изучения русского языка и советских

Ил. 7. Встреча инициативной группы по проблемам сахалинских корейцев. г. Южно-Сахалинск. 1989 г.

законов после войны при определенной национальной политики советского правительства. Для второго поколения, которое росло уже при эпохе позднего СССР, главным вопросом стала проблема более тесной интеграции в советское общество на вполне высоких позициях. Третье поколение, взросление которого пришлось примерно на распад СССР и экономический кризис, важным в их корейской идентичности стал вопрос соизмеримости «своей» сахалинской корейской идентичности к настоящей «корейской», к возможности «примерить» данную идентичность к южнокорейскому обществу. Четвертое поколение, вырастающее на наших глазах, пока еще не ставит перед собой чрезвычайно острых вопросов корейской идентичности. Может быть потому, что данный вопрос не является для них жизненно важным?

Поскольку автору старался в основном взять интервью у людей как раз первого поколения, необходимо четко очертить тот круг проблем, который волновал именно их. В той или иной плоскости эти проблемы всплывали во многих интервью. Однако нельзя обходить стороной и те проблемы, которые волнуют последующие поколения, пусть они стояли и стоят не в такой острой форме.

Послевоенная репатриация. В первую очередь, самой первой и важной проблемой считается для сахалинских корейцев (не только первого поколения, но и других, хоть и в меньшей степени) – это незавершенная репатриация после Второй мировой войны и связанное с ней стремление корейцев к исторической родине (причине приведшие к незавершенности репатриации см. выше). Согласно советско-американским договоренностям японское население бывших колоний Японской империи подлежало репатриации на родину. С Сахалина и Курильских островов было возвращено в Японию около 300 тыс. японцев.[48] Корейцам же бывшего Карафуто путь на родину был закрыт в силу начавшейся во второй половине 1940-х гг. конфронтации Советского Союза с Соединенными Штатами, фактически полностью контролировавшими Южную Корею.

Разделенные семьи. Поскольку большая часть (не вся, но существенное количество) корейцев попали на Южный Сахалин по принудительной мобилизации, проведенной японским правительством в 1939–1944 гг., их семьи остались в Корее. При этом часто это были не только родители, но и жены, и дети. Данный вопрос был одним из самых острых, поднятых после установления дипломатических отношений между СССР и Южной Кореей в 1990 г.

Происхождение с южной части Корейского полуострова. Большая часть корейцев Сахалина, группа так

---

48) Данные статистики даны см. [1, с. 259].

называемых «бывших японских подданных»[49] была родом из южной части Корейского полуострова – около 95% из них стремились вернуться к своим домам и семьям. Учитывая, что большая часть корейцев попала на Карафуто против своей воли, оставив на родине семьи и родной дом, несостоявшаяся репатриации стала настоящей трагедией для них и оставшихся на родине семей.

Гражданство и статус лиц без гражданства. Не предоставив корейцам на Сахалине возможности выбирать место проживания, советская власть не сразу решила и проблему гражданства сахалинских корейцев. Юридически корейцы до 1945 г. были подданными японского императора, но после подписания Японией Сан-Франциского мирного договора (в котором она отказывалась от всей прав на свои бывшие колонии) в 1951 г., корейцы были официально лишены юридической связи с Японией. Разумеется, корейское население должно было получить гражданство своих национальных государств, юридически оформившихся в 1948 г.

Однако, сахалинские корейцы, потеряв гражданство Японии, оформить юридическую связь с родиной не смогли. Несмотря на то, что с 1952 г. им было разрешено приобретать гражданство Советского Союза как иностранным гражданам

---

49) Данное название применялось в официальных документах советских иммиграционных органов.

(каковыми они и являлись), автоматически гражданство они не получали, что являлось нарушением статьи 15 подписанного СССР Устава ООН.[50)] Только в 1979 г. принятый в СССР новый Закон о гражданстве исправил эту несправедливость.

Не получая автоматически ни гражданства СССР как места проживания, ни гражданства Южной Кореи как родины, сахалинские корейцы в первый период поддавались агитации и принимали гражданство Северной Кореи. Однако в силу многих причин, вскоре они стали отказываться от северокорейских паспортов и подавали заявления на гражданство Советского Союза.

Взаимоотношения с КНДР. Политика Северной Кореи имела большое влияние на сахалинских корейцев, поскольку только это корейское государство имело связи с корейцами на Сахалине в советский период. Тем не менее, действия северокорейских дипломатов не отличались продуманностью в отношении сахалинских корейцев, а потому за недолгим периодом теплых отношений, вскоре наступило разочарование, и корейцы Сахалина предпочли дистанцироваться от КНДР [59, с. 148–156].

Движение за репатриацию на Сахалине в советский период. В советский период также одной из проблемой

---

50) Более подробно об этой проблеме, см. [23, с. 237–249].

была проблема движения за репатриацию, которое подавлялось государством. Само это движение смогло полноценно развернуться только после начала Перестройки в СССР, однако часть с 1950-х по 1970-е гг. некоторые корейские активисты пострадали от репрессивных мер, были осуждены к отбыванию наказания в исправительно-трудовых лагерях, другие – высланы в Северную Корею.

Национальная политика СССР. Советский Союз, с одной стороны подавлявший движение за репатриацию, не предоставивший гражданство сахалинским корейцам, с другой – вел активную национальную политику, направленную на поддержку идентичной национальной культуры. Открытие школ, театра, газеты, радио для корейцев несомненно помогли им пройти первый, самый тяжелый период адаптации. Однако вместе с тем и вызвали дискуссию в корейском обществе, когда часть этих институтов была свернула в начале 1960-х гг. Также в вину советскому руководству можно поставить и частичную дискриминацию, имевшиеся случаи притеснения корейского населения, которые не пресекались органами власти.

Взаимоотношения между разными субэтническими группами внутри диаспоры. Поскольку диаспоры состояла не только из самой многочисленной группы – «бывших японских подданных», но из других корейских этнических групп – так называемых «материковских корейцев» и «северокорейских рабочих», проблемой стали и взаимоотношения между ними. Часто конфликты принимали затяжной характер, а отношения, по признанию некоторых, были хуже, чем с русским населением.

Данный вопрос не часто поднимался в историографии, однако существует некоторое количество работ, в которых в той или иной степени затрагивается тема отдельных групп в сахалинской корейской диаспоре, и вопросы отношений между ними. Все авторы упоминают о том, что взаимоотношения внутри сахалинской корейской диаспоры были не очень хорошими.

Поскольку это один из важнейших вопросов, к тому же затрагивающий другие проблемы (политику КНДР и т.д.), остановимся на нем подробнее.

Пак Хен Чжу (автор «Репортажа с Сахалина» - книги-сборника воспоминаний о событиях тех лет) упоминает о внутренних противоречиях в корейской общине и делит корейское население Сахалинской области на три группы. Эти группы именуются, соответственно, «сондюмин», «кхынтанбэги» и «пхагеномдя»[51), – и критериями выделения

___

[51) Сондюмин (правильно – сончумин) – люди, приехавшие первыми, «местные жители»; кхынтанбэги (кхынттанбэки) – пришедшие с большой земли, «материковские корейцы»; пхагеномдя (пхагённомуча) – присланные чернорабочие, «северокорейцы» – здесь и далее: искаженное диалектное произношение, которое активно использовалось на Сахалине в корейской бытовой языковой среде.

служат, во-первых, обстоятельства, при которых представители данной группы (или их предки) прибыли на Сахалин, а во-вторых, особенности диалекта и фенотип. Пак Хен Чжу также отмечает довольно напряженные отношения, которые существовали между «сондюмин» и «кхынтанбэги» [92, с. 37–41].

Один из ученых, первым в российской историографии заинтересовавшийся историей сахалинской диаспоры, – Бок Зи Коу, автор книги «Корейцы на Сахалине» в целом принимает деление Пак Хен Чжу. В то же время он говорит о том, что не следует излишне акцентировать особенности разных групп сахалинской корейской общины, так как в своей основе корейцы – единая нация [14, с. 111]. Исследователь А.Т. Кузин в своих работах также отмечает напряженные отношения между различными группами корейцев, связывая это с разными статусами этих групп [61, с. 75].

Отношение к рабочим из Северной Кореи со стороны уже проживавших в Сахалинской области корейцев было довольно напряженным. Многие корейцы говорят об этом, как основываясь на своем личном опыте взаимоотношений с «северокорейцами», так и опираясь на воспоминания родителей. Часто звучат примерно такие слова:

«Вы знаете, не очень любили северокорейцев тогда. Они ведь приезжали на время, пока у них трудовой договор не истечет. Вели себя как временщики⋯ Работали не очень хорошо, не берегли общественную собственность. Было видно, что приехали на время, оставаться не будут, ну и отношение к ним было соответствующее».[52]

«Мы вообще их не любили. И отец наш тоже не любил, называл их пальгени[53] – красные типа, очень не любил их. Запрещали с ними дело иметь⋯».[54] /

«Да, отношения были очень плохие, если собираться вместе – так обязательно драка. Сильно друг друга не любили. Я думаю, это от разделения Севера и Юга. Отец говорил, что еще даже до войны разница была между ними. Север – промышленный район, юг – в основном сельское хозяйство, диалекты разные, да и вообще⋯особенно когда война случилась».[55]

«Не очень были отношения хорошие. Льготы у них были как у переселенцев, 10 процентов к зарплате каждый год, отпускные и т.д. А мы же не переселенцы – нам ничего не было, мы работали одинаково, а они больше получают – это нам очень обидно было. К тому же война – много мы не слышали, но все равно слухи доходили, что Южная Корея и Северная – что война там. А мы же с южной части, вот с этими – с севера – все время и спорили, часто и до драки доходило».[56]

52) НА СОКМ. Оп. 1. Д. 833. Интервью 26.

53) Пальгени (ппальгэни) – красный, презрительный термин выходцев из коммунистического КНДР.

54) НА СОКМ. Оп. 1. Д. 833. Интервью 7.

55) НА СОКМ. Оп. 1. Д. 833. Интервью 4..

56) НА СОКМ. Оп. 1. Д. 833. Интервью 9.

Но, тем не менее, хотя многие информанты соглашались с тем, что отношения между «северокорейцами» и «местными жителями» были напряженными, некоторые считали, что трения, хотя и присутствовали, носили достаточно умеренный характер.

«Их не очень много было… Они приезжали на какой-то срок – потом надо же обратно ехать. Что-нибудь здесь натворят, в тюрьму садятся специально. Не хотели уезжать. Говорят, плохо в КНДР было очень жить. И разделение между нами и ими, конечно, было, не так, чтобы очень, но было что-то такое».[57]

Негативное влияние на отношение к «северокорейцам» с конца 1950-х гг. стала оказывать и политика северокорейского правительства по отношению к корейцам Сахалина. В 1950-х гг. свою деятельность на Сахалине начинает Генеральное Консульство КНДР в г. Находка Приморского края. Агитация и активная деятельность работников Консульства на начальном этапе имели большое влияние на сахалинскую корейскую общину. Многие из «местных» корейцев принимали гражданство КНДР, а некоторое количество корейской молодежи уехало в Северную Корею на постоянное место жительства.

Однако вслед за коротким периодом иллюзий наступило

---

57) НА СОКМ. Оп. 1. Д. 833. Интервью 18.

разочарование в северокорейских реалиях и политике КНДР. Например, северокорейские дипломаты требовали от сахалинских корейцев, которые работали на советских предприятиях, сообщать «родине» о последних производственных новинках и новых технологиях, фактически вовлекая их в промышленный шпионаж.

Во многом такие попытки были вызваны тем успехом, которого северокорейским властям в середине 1950-х гг. удалось добиться, создав в Японии Чхонрён – ассоциацию этнических корейцев Японии. На протяжении нескольких десятилетий эта ассоциация доминировала в корейской общине Японии, и фактически создала там «государство в государстве», со своими школами, кредитными центрами, культурными и спортивными группами [8, с. 55]. Кроме того, по линии Чхонрёна около 95 тысяч этнических корейцев Японии выехали в КНДР (а в перспективе официальной целью Чхонрёна считалась репатриация в КНДР всех этнических корейцев Японии). Учитывая немалое сходство истории корейских общин Сахалина и Японских островов, не удивительно, что успех, достигнутый в Японии, северокорейские власти попытались повторить и на Сахалине. Впрочем, попытки создать эффективную и независимую от властей организацию окончились неудачей. Руководство СССР относилось к таким попыткам негативно и, как можно предположить, силовые структуры страны решали свои профессиональные задачи быстро и гораздо более эффективно, чем соответствующие органы Японии. Пострадавшей стороной в этом случае оказывались не защищенные иммунитетом дипломаты, а те, кого последние старались завербовать.

Большие опасения в сахалинской корейской общине вызвал предложенный северокорейской стороной проект создания особого «корейского лагеря», куда планировали изолированно поместить всех корейцев Сахалина. Такой проект был нужен северокорейскому правительству для того, чтобы ускорить репатриацию всех сахалинских корейцев в КНДР – именно такая репатриация была в те времена конечной целью Пхеньяна [59, с. 155]. Этот проект не нашел одобрения у советских властей, а у сахалинских корейцев он не мог не вызвать ничего кроме дополнительных опасений и страхов, поскольку сильно напоминал фашистские концлагеря недавней мировой войны.

К этому можно добавить, что вести, приходившие по разным каналам от тех, кто уехал с Сахалина на постоянное место жительство в КНДР, подтверждали, что дела в Северной Корее обстоят крайне неблагополучно. Это предсказуемо снижало интерес к КНДР в сахалинской диаспоре.

Постепенно отношения между выходцами с Севера и выходцами с Юга выровнялись, и в итоге те «северокорейцы», что остались на острове, слились с местным корейским населением. Обуславливается это и относительно небольшой численностью данной группы – как сказано ранее, на Сахалине к 1962 г. «северокорейцев» (осталось вместе с членами семей) меньше 4 тысяч.[58]

После 1945 г. администрация Сахалина и Курильских островов столкнулась с необходимостью взаимодействовать с большим количеством корейского населения, которое практически не знало русского языка, а также не имело никакой информации о социалистическом строе и основах жизни в Советском Союзе. В этих условиях была задействована помощь с материка. С начала 1860-х гг. и до начала 1920-х гг. в Приморский край России шло переселение большого количества корейцев из северных районов Кореи. В 1937 г. советские власти депортировали всех этнических корейцев советского Дальнего Востока в Среднюю Азию – в основном в Узбекистан и Казахстан. Там они подвергались значительной дискриминации – в частности, ограничивался выезд этнических корейцев за пределы советской Средней Азии.

В условиях наступившей после Второй мировой войны некоторой либерализации, советских корейцев из Средней Азии стали привлекать для работы на Сахалине. Они приезжали для того, чтобы работать переводчиками, учителями корейских школ, советниками при

---

[58] ГИАСО. Ф. 53. Оп. 1. Д. 109. Л. 5.

администрации тех крупных промышленных предприятий, на которых работало большое количество корейцев. Именно эти учителя, переводчики, сотрудники милиции и госбезопасности, партийные работники и составили еще одну группу этнических корейцев, пополнивших сахалинскую корейскую общину. Они также должны были вести на Сахалине политическую работу – задача, проведение которой неизбежно вело к возникновению конфликтов между «воспитателями» и «воспитуемыми» (тем более, что значительная часть корейцев Сахалина стремилась к возвращению в родные места и – справедливо или нет – воспринимала власти как силу, которая этому возвращению препятствовала).

У многих сахалинских корейцев первого поколения воспоминания о корейцах с материка также были весьма негативными. «Материковских» воспринимали как привилегированных пришельцев, и это не делало их популярными.

> «Вон у любого спроси⋯ Так они нас зажимали – эти материковские корейцы. Мы же по-русски не понимали ничего, вот они нас и зажимали, а сами жили. Мы, например, черный хлеб ели, а они белый. После войны они нам карточки не выдавали, говорили, чтобы приходили и в очереди стояли. Там полдня стоишь, а они без очереди проходят и у них

карточки⋯ вот так они над нами издевались».[59]

«Мы после войны поехали жить в Стародубское – там колхоз был. Материковские корейцы там были все руководители. Они нас замучили, терпеть их не мог я, этих кынтабеди. Они относились к нам, корейцам, как к собакам. Например, там поле было – я капусту там убирал⋯ там листья остаются – они даже не разрешали нам листья забирать. Ничего не давали нам. Потом мой отец – он соревновался с материковскими, корову выиграл. Мы ее вырастили, а потом отец захотел уехать в Южно-Сахалинск. Так они у нас все отобрали – и корову тоже отобрали – и тогда только в Южный мы смогли уехать. Сейчас я бы их всех съел⋯».[60]

«Они приезжали, чтоб нас корейскому языку учить – сами неграмотные были из Ташкента или еще откуда. Мы сейчас понимаем, они учить не могли. Да и по-корейски говорили плохо, а их еще и начальниками ставили – какой он там начальник, у него образования нет никого, а нами командовали. Потому что они коммунистами все были. Их вообще все ненавидели. С русскими отношения были нормальные, а с этими⋯».[61] Обращает на себя внимание тот факт, что почти все респонденты четко отгораживают свою группу (обычно определяемую как «мы, корейцы») от группы «материковских». Отделение это, как представляется, было даже сильнее, чем отделение от «северокорейских рабочих».

---

59) НА СОКМ. Оп. 1. Д. 833. Интервью 24.
60) НА СОКМ. Оп. 1. Д. 833. Интервью 24.
61) НА СОКМ. Оп. 1. Д. 833. Интервью 6.

«Ну как тебе сказать, отношения плохие⋯ Они же многие были учителями корейских школ – а у нас, у корейцев, принято учителей уважать. Поэтому мы к ним вроде бы так⋯ Но вообще, мы их корейцами настоящими не считали, да и старики – говорили, чтобы с ними не водились, и жениться тоже чтоб не смели, как на русских. Ну, на русских-то, понятно, почему не хотели жениться, в Корею думали уехать, а вот этих материковских просто не любили⋯».[62]

Почти все информанты в ответ на вопрос о взаимоотношениях с группой «материковских корейцев» описывали эти отношения как негативные. Привилегированное положение последних и высокомерное отношение их к «местным жителям» – основные причины, по которым эти взаимоотношения были непростыми. Не следует забывать и о том, что в глазах местных корейцев «материковские» были представителями власти, отношение к которой было не всегда позитивным. Накал отчуждения, существовавший между данными группами, несмотря на давность лет, до сих пор явственно ощущается в воспоминаниях информантов.

Раздел Кореи. Наличие двух государств на Корейском полуострове – КНДР и РК, к тому же находящимся в состоянии постоянной конфронтации, раздел бывшей некогда единой родины, также оказало свое воздействие на

---

[62] НА СОКМ. Оп. 1. Д. 833. Интервью 7.

корейцев Сахалина. Несмотря на то, что в силу происхождения сахалинские корейцы более тяготеют к Южной Корее, Северная также играла роль в развитии диаспоры, особенно в советский период. После 1990 г., когда Советский Союз открыл официальные дипломатические отношения с Республикой Кореей, именно последняя стала играть определяющую роль в жизнедеятельности корейской диаспоры. Однако сахалинские корейцы стараются взаимодействовать с обоими государствами Корейского полуострова, становясь между ними своеобразным мостом.

Движение за репатриацию сахалинских корейцев в России. После начала перестройки в России сахалинские корейцы начали широкое движение за репатриацию. В рамках этого движения предъявлялись требования к японскому правительству, обращения к правительству Южной Кореи и России. Многие общественники могли беспрепятственно посещать историческую родину, встречаться с родственниками и поднимать вопрос о своих правах перед правительствами заинтересованных стран. Движению за репатриацию удалось добиться существенных успехов, в частности, один из самых успешных проектов – репатриация первого поколения сахалинских корейцев – осуществился при финансовой помощи Японии, Республики Корея и России.

Репатриация первого поколения сахалинских корейцев. Осуществленная с задержкой в полвека репатриация и открывшиеся связи позволили сахалинским корейцам стать мостом между исторической и новой родиной. Многие молодые корейцы второго и третьего поколения посетили страну, о которой раньше слышали только по рассказам отцов и дедов. Не все было гладко в этом отношении – диаспора разделилась на тех, кто хотел уехать и тех, кто не мыслил своей жизни в корейском обществе. Большинство сахалинских корейцев предпочли остаться жить в России и на Сахалине, но процесс выбора для них был необычайно сложен.[63]

Между тем, репатриация, осуществленная в сильно урезанном виде и довольно поспешно (особенно ее первый этап – до 2000 г., когда многие старики согласились на одинокий переезд в дома престарелых, ради того, чтобы вернуться на долгожданную родину), вновь породила проблему разделенных семей и вызвала критику со стороны многих молодых корейцев. В данный момент существуют несколько проектов, которые может быть смогли бы разрешить эту проблему, однако они требуют значительных материальных затрат и не поддерживаются правительствами России, Японии и Южной Кореи.

Сохранение корейской культуры. Сейчас перед сахалинской корейской диаспорой также стоит проблема

---

[63] Одно из самых интересных исследований по данной теме см. работу Лим Сунг-сук [71].

сохранения корейской культуры. Репатриация нанесла по этой деятельности существенный удар – уехали старики, основные носители корейского языка, обычаев, традиций. Помощь Южной Кореи в этом вопросе значительна (открытие Центра Просвещения Республики Корея на Сахалине, концерты известных певцов и традиционной музыки, другие мероприятия), однако корейская культура постепенно уступает реалиям времени – практически не осталось носителей корейского языка, молодежь зачастую не интересуется исторической родиной и не знает историю диаспоры, а корейская интеллигенция – художники, поэты, писатели, хоть и работают на Сахалине, однако их количество очень невелико.

Проблема самоназвания сахалинских корейцев. Вопрос о самоназвании (этнониме) очень сложен и важен. Стоит сказать, что этноним в этнологии – это важнейший признак этнического самосознания, возникновение этнонима связано с историей народа, его происхождением и этническими связями [94, с. 623]. Вопрос о самоназвании сахалинских корейцев имеет двойной подтекст. Есть самоназвание на русском языке – «сахалинские корейцы», есть самоназвание на корейском языке, история которого довольно сложна.

Этноним «сахалинский кореец» на русском языке

довольно устоялся и практически не вызывает споров.[64] При этом, стоит указать, что важную роль в данном самоназвании играет территориальный признак – указание на место проживания сахалинской корейской диаспоры. Некоторое отделение и формирование сильной территориальной идентичности – процесс закономерный и проходит не только в среде корейцев Сахалина и Курил, но в среде русского населения [29].

Вопрос с корейским самоназванием довольно сложен. Корейцы СНГ называют себя «корё сарам»[65], обозначая таким образом некоторую историческую параллель к Корё – государству, существовавшему на Корейском полуострове с X по XIV вв. Этот этноним (корё сарам) был настолько общепризнанным, что коллектив редакции корейской газеты Сахалинской области, меняя название в 1991 г., выбрал название «Сэ корё синмун», напрямую отсылающее к «корё сарам».

---

[64] Стоит сказать, что названия российских общественных организаций, представляющих интересы корейцев Сахалинской области, все имеют в своем названии данный этноним – РООСК (Региональная общественная организация «Сахалинские корейцы»), Общественная организация старейшин сахалинских корейцев, Сахалинская областная общественная организация разделенных семей сахалинских корейцев, Межрегиональная общественная организация сахалинских корейцев и т.д.

[65] Далее этот этноним мы будем использовать для обозначения всех корейских диаспор и общностей, проживающих ныне на (в основном) территории бывшего Советского Союза (России, Казахстане, Узбекистане, Таджикистане и др.) и имеющих непосредственные корни в корейском переселении на Дальний Восток Российской империи во второй половине XIX – начале XX вв.

Однако, позже корейские общественники столкнулась с тем, что их цели и устремления отличаются от таковых у общественных организаций «корё сарам». Главная причина, на наш взгляд, состоит в том, что все общественные организации, призванные решать наболевшие вопросы тех, кого они представляют, обращались в первую очередь к истории. Если для «корё сарам» главными историческими событиями являются миграция на Дальний Восток Российской империи, депортация в Среднюю Азию в 1937 г, реабилитация после 1991 г., то для сахалинских корейцев более приоритетными являются события периода колониальной зависимости Кореи, принудительной мобилизации японским правительством, трагические события августа 1945 г., несостоявшаяся репатриация корейцев после Второй мировой войны и т.д.

Поэтому уже вскоре после 1991 г. все корейские общественные организации Сахалинской области отказываются от этнонима «корё сарам» и вводят в свои названия этноним «ханин», делая непосредственную отсылку к самоназванию Республики Корея (Тэхан мингук). В 2018 г. из-за данного самоназвания (а также из других вопросов) на Сахалине разгорелся конфликт РООСКа с «Ассоциацией южнокорейских соотечественников».[66)]

---

66) Организация была основана в 2006 г. как «Организация граждан Южной Кореи, проживающие на Сахалине» (Сахаллин хангуккёминхвэ, 사할린한국교민회) и объединяет граждан Республики Корея, проживающих в Сахалинской области. Переименована в

Стороны обменялись резкими заявлениями[67)] и находятся в настоящий момент в затяжном конфликте по нескольким вопросам общественного движения.

«Сахалинскую организацию южнокорейских корейцев» (Сахалин хангук ханинхвэ, 사할린한국한인회) в 2013 г., российское самоназвание – «Сахалинская общественная организация Ассоциация южнокорейских соотечественников». Имеет сайт в интернете (URL: http://homepy.korean.net/~sakhalink/www/) и электронную газету (URL: http://sakhalinnews.co.kr)/). Председателем со времени основания и до настоящего времени является южнокорейский бизнесмен Хён Доксу (현덕수).

67) См. газета «Сэ корё синмун». 2018. 10 августа, а также статья H. Andrey. Обращение председателя корейской общественной организации Пак Сун Ок по поводу строительства поминального комплекса и оправержение организации «Пусануриминджоксородопгиундон» (사할린 한인 추모관 건립에 사할린 한인협회(고려인동포) 박순옥 회장의 반대 호소문과 부산우리민족서로돕기운동의 반박문)// URL: http://sakhalinnews.co.kr/bbs/board.php?bo_table=koryo&wr_id=59&page=3

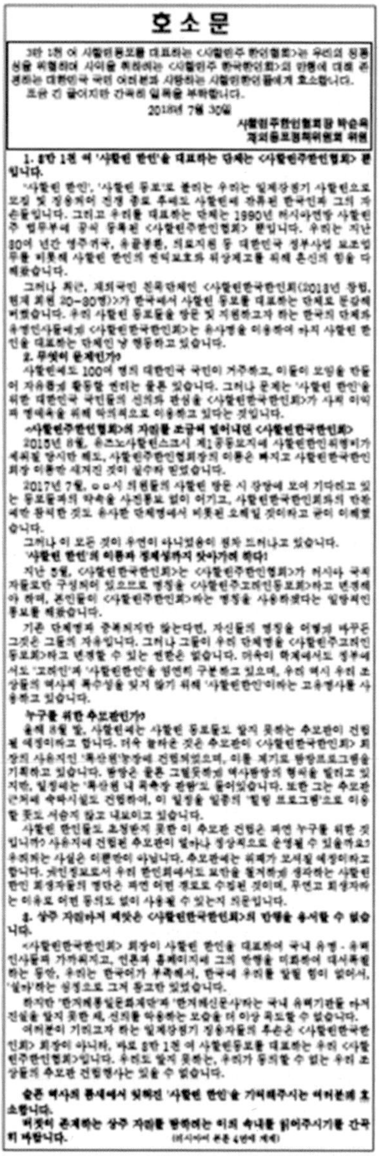

호소문

2018년 7월 30일

Ил. 8. Обращение президента РООСКа на корейском языке // Сэ корё синмун. 2018. 10 августа

ОБРАЩЕНИЕ

Региональная общественная организация «Сахалинские корейцы»(РООСК) от имени 31 тысячи сахалинских корейцев обращается к уважаемым соотечественникам в Республике Корея и Сахалинской области, чтобы сообщить о действиях Ассоциации южнокорейских соотечественников, которая из личной выгоды угрожает нашему авторитету.
Искренне прошу дочитать текст Обращения до конца.

30 июля 2018 года
Президент РООСК Пак Сун Ок
Член Комитета политики зарубежных соотечественников

1. РООСК является единственной организацией, которая представляет интересы более 31 тысячи сахалинских корейцев.

Мы, кого называют «сахалинскими корейцами», «сахалинскими соотечественниками», являемся потомками корейцев, которые были принудительно завезены на Сахалин в период японской оккупации и остались жить здесь после окончания войны. И единственной организацией, представляющей нас, является Региональная общественная организация «Сахалинские корейцы», официально зарегистрированная в 1990 году в Министерстве юстиции Сахалинской области Российской Федерации. На протяжении более 30 лет мы прикладывали душу и силы ради защиты прав и интересов сахалинских корейцев и повышения их статуса, оказывая помощь в осуществлении таких проектов Правительства Республики Корея, как репатриация, перезахоронение останков, медицинская помощь и т.д.

Однако в последнее время Ассоциация южнокорейских соотечественников (основана в 2013 году, в настоящее время количество членов: 20-30 чел.) превратилась в организацию, пытающуюся представлять интересы сахалинских корейцев в Республике Корея. Эта организация, используя схожее название (на кор.языке), при встрече с организациями и известными людьми из Республики Корея, которые намереваются посетить Сахалин или оказать помощь сахалинским корейцам, действует так, будто является организацией, представляющей интересы сахалинских корейцев.

2. В чем проблема?

На Сахалине проживают более 100 граждан Республики Корея, и, конечно, у них есть полное право свободно вести деятельность, учредив свое сообщество. Однако проблема в том, что добрые намерения и интерес граждан Республики Корея по отношению к сахалинским корейцам Ассоциация южнокорейских соотечественников использует со злым умыслом ради личных интересов и честолюбия.

«Ассоциация южнокорейских соотечественников, постепенно смещающая РООСК с ее места»

Когда в августе 2015 года на мемориальной плите, установленной на общественном кладбище №1 г.Южно-Сахалинска в честь сахалинских корейцев, не оказалось имени президента РООСК, а было указано имя председателя Ассоциации южнокорейских соотечественников, мы поверили, что это просто ошибка.

И даже тогда, когда в июле 2017 года депутаты южнокорейского города xxx при посещении Сахалинской области, не предупредив нас заранее, так и не пришли на встречу с соотечественниками в актовый зал КЦЦ, где договаривались встретиться, но при этом приняли участие в банкете с Ассоциацией южнокорейских соотечественников, мы опять же посчитали, что это просто недоразумение из-за схожего названия организаций.

Однако постепенно выясняется, что все это было не случайно.

«Намереваются отнять название «сахалинские корейцы» и вместе с этим идентификацию»

В мае текущего года Ассоциация южнокорейских соотечественников в одностороннем порядке уведомила о том, что будет использовать название «Ассоциация корейцев Сахалинской области»(사할린주한인회), решив, что мы должны изменить название нашей организации на Ассоциацию материковских соотечественников Сахалинской области (사할린주고려인연합회), аргументируя тем, что наша организация состоит только из граждан РФ.

Это их право менять на свое усмотрение название организации. При условии, что оно не совпадает с названиями уже имеющихся организаций. Однако у них нет полномочий менять название нашей организации. Тем более, что в научных кругах и в правительстве РК очень ясно разделяют названия «материковские корейцы»(고려인) и «сахалинские корейцы»(사할린한인). Мы используем название «сахалинские корейцы» как имя собственное, чтобы не забывать историческую особенность наших предков.

- Для кого этот мемориал?

До нас дошла информация, что в конце августа планируется открытие поминального мемориала, о котором не знают даже соотечественники, живущие на Сахалине. Еще более удивляет тот факт, что мемориал строится на территории фермерского хозяйства Роксан, которое является частной собственностью председателя Ассоциации южнокорейских соотечественников, и под этим предлогом здесь планируется организация туристической программы. Тур.программа для большей правдоподобности будет проводиться в форме исторической, но в качестве одного из пунктов программы включено посещение фермы крупного рогатого скота в хозяйстве Роксан. Более того, похоже, что эту программу без стеснений он будет использовать как, своего рода, оздоровительную, судя по тому, что по соседству с мемориалом он строит туристическую базу(жилье для ночлега).

Для кого же на самом деле строится этот мемориал, если к участию не приглашены сахалинские корейцы? И возможно ли нормальное управление мемориалом, построенным на частной земле? И это не единственное, о чем стоит беспокоиться. Говорят, что на территории мемориала планируется установить поминальные дощечки. Даже в РООСК с осторожностью относятся к данным сахалинских корейцев, так как это личная информация. Возникает вопрос каким путем был получен список пострадавших, и можно ли использовать такую информацию без какого-либо согласования, только на основании того, что эти люди не имеют родственников и друзей.

3. Мы не можем простить злодеяния Ассоциации южнокорейских соотечественников, отнявших у нас даже статус «распорядителя траурной церемонии»

В то время, как председатель Ассоциации южнокорейских соотечественников, действуя от имени сахалинских корейцев, общался с известными и влиятельными людьми РК и придавал особую значимость своим делишкам, приукрашивая их в СМИ и на сайте Ассоциации, мы, не в совершенстве знающие корейский язык, и потому не имеющие возможности возразить и рассказать о себе Корее, вынуждены были терпеть, думая: «ка может быть».

Но мы больше не можем быть свидетелями злоупотребления добрыми намерениями, видя как даже такие корейские влиятельные организации, как Фонд воссоединения и культуры Хангёре и редакция газеты Хангёре, не знают всей правды.

Потомки принудительно мобилизованных в период японской оккупации корейцев, которых вы хотите превозносить, это именно РООСК, представляющая интересы более 31 тысячи сахалинских корейцев, а не председатель Ассоциации южнокорейских соотечественников. И возведение мемориала нашими предками, о котором мы не знаем и на которое мы не можем дать свое согласие, просто недопустимо.

Мы обращаемся к тем, кто помнит о сахалинских корейцах, забытых среди грустных страниц истории. И искренне просим выявить намерения людей, позарившихся на место "распорядителя траурной церемонии», которое безупречно существует.

Президент РООСК /подпись, штамп/ Пак Сун Ок (Текст на корейском языке на 2 стр.)

Ил. 9. Обращение президента РООСКа на корейском языке // Сэ корё синмун. 2018. 10 августа

4. Общественные институты

Общественные институты – это важная часть диаспорного образования. Роль которую они играют – в том числе в разрешении или неразрешении проблем, озвученных выше, невозможно переоценить. По сути, общественные институты во всем своем многообразии – это и есть диаспора, ее выражение и основа. Поэтому историю общественных институтов и их современное состояние необходимо рассмотреть подробнее.

В период миграции корейцев на Карафуто в 1910-45 гг. там практически отсутствовали социальные этнические институты. Миграция корейского населения проходила в виде трудовой вербовки и мобилизации, что предусматривало временный характер проживания и не предполагало создания долговременных социальных институтов. Препятствовала этому и политика японских властей в Корее, которые с 1937 г. взяли курс на японизацию корейского населения. После начала японо-китайской войны был издан указ о запрещении употребления корейского языка в государственных учреждениях, с 1938 г. прекращено преподавание корейского языка в школах. В 1940 г. началась кампания по замене корейских фамилий на японские, были закрыты две крупнейшее корейские газеты

«Чосон ильбо» и «Тона ильбо» [66, с. 263–264]. В таких условиях существование на Карафуто каких-либо социальных институтов представлялось возможным только с прямого разрешения японских властей.

Как и в Корее, политика японских властей по отношению к корейцам Карафуто в области образования определялась курсом на японизацию. На Карафуто не было ни одной национальной корейской школы. Корейские дети могли поступать в японские школы и учиться вместе с японскими школьниками. Преподавание в школах велось только на японском языке, среди учителей не было корейцев (за исключением одного преподавателя по математике в индустриальном техникуме г. Эсутору). По указанию губернатора корейцев не принимали в педагогическое училище г. Тойохара. В отделах народного образования при городских и районных муниципалитетах острова не было ни одного служащего из числа корейцев [70, с. 123–124]. Не существовало на Карафуто и корейских средств массовой информации.

Единственный, документально подтвержденный социальный институт с национально-корейским оттенком, существовавший на Карафуто, – это политический союз «Киовакай» («Кёвакай»). Этот союз, будучи немногочисленным, объединял вокруг себя в основном корейское и китайское население. Деятельность этой организации контролировалась и направлялась японскими властями и служила интересам укрепления японского государства. Союз «Киовакай» вел активную пропаганду идей создания «Великой Восточной Азии», а также способствовал поддержанию общественного порядка, причем последняя функция выполнялась в тесном контакте с жандармерией и полицией. Работу союза «Киовакай» возглавлял губернатор Карафуто. Существовал союз вплоть до момента капитуляции Японии.[68]

Таким образом, представляется, что в условиях формирования корейской общины Карафуто, социальные институты, как формы выражения национальной идентичности действовали в очень ограниченном виде и находились под полным контролем японских властей.

После установления советской власти на Южном Сахалине и Курильских островах, новый политический и государственный строй стал диктовать новые условия жизнедеятельности корейского населения на бывшем Карафуто.

После Великой Октябрьской революции 1917 г. национальная политика в новом советском государстве была одним из важнейших приоритетов. «Право наций на самоопределение» – один из двух лозунгов пришедшей к

---

[68] ГИАСО. Ф. Р-171. Оп. 3. Д. 4. Л. 8.

власти партии большевиков. Этот лозунг помог последним победить в гражданской войне и во многом обеспечил территориальную целостность бывшей Российской империи в условиях казавшегося неизбежным процесса деколонизации. Национальная политика должна была урегулировать возможные этнические конфликты и обеспечить строительство нового централизованного государства.

С этой целью советские власти создали не только десяток крупных национальных республик, но и тысячи национально-территориальных образований (области, округа, районы и сельсоветы), которые были разбросаны по всему пространству Советского Союза. Были подготовлены новые национальные элиты, представители которых выдвинулись на руководящие посты в правительстве, школах и на промышленных предприятиях этих заново созданных территорий. На территории каждого такого национально-территориального образования национальный язык был объявлен официальным языком власти. В десятках случаев это обусловило создание не существовавшей ранее письменности. Советское правительство финансировало массовое издание книг, журналов, газет, создание фильмов, опер, музеев, ансамблей народной музыки и т.п., поощряя развитие культуры на национальных языках [73, с. 88].

Сталин объяснял такую политику тем, что максимум развития национальной культуры необходим для того, чтобы она совершенно изжила себя, тем самым создав основу для интернациональной социалистической культуры [73, с. 92]. Впрочем, в конце 1930-х годов в этой политике произошли определенные изменения – в частности, были ликвидированы многие мелкие национально-территориальные образования.

Первые мероприятия гражданской администрации Южно-Сахалинской области были направлены на упорядочение хозяйственной и административной жизни приобретенного региона. Была проведена смена политической системы, восстановлены экономические объекты, начато переселение на острова советских граждан. Не последним приоритетом в деятельности советской администрации было и взаимодействие с проживающим до войны на островах населением – в основном японцами и корейцами.

Одной из задач, стоявших перед советским властями в русле национальной политики советского государства, было просветить японское и корейское население идеологически и политически, а также дать азы школьного образования детям и тем, кто его не имел. Первым мероприятием гражданского управления, направленным на осуществление этой задачи, стало создание национальных школ. По окончании репатриации японцев японские школы были ликвидированы, корейские же школы действовали до 1963 г.

В 1945-46 гг. корейские начальные школы из 7 классов были открыты в следующих городах: в г. Невельске – одна школа (151 ученик)[69], в г. Южно-Сахалинске – одна школа (учеников на начало года – 183 человека, в конце учебного года – 196 человек), в г. Долинске работали две корейские школы (учеников в начале года – 390, в конце – 280), в г. Макарове работали две школы (учеников в начале года – 465, в конце – 376, переведено в следующий класс – 348, на второй год осталось 28)[70], в г. Поронайске – четыре школы (учеников в начале года – 56, в конце – 104 человека[71]). В Лесогорском районе работали четыре корейские школы с охватом учеников в начале года – 296, в конце года – 288 человек.[72] Школы на первом этапе работали по старой японской системе.

В 1948-49 гг. корейских начальных школ насчитывалось шестьдесят две, семилетних – двенадцать.[73] В дальнейшем сеть школ развивалась, увеличивалась, достигнув

---

69) ГИАСО. Ф. Р-143. Оп. 1. Д. 3. Л. 48–48об.
70) ГИАСО. Ф. Р-143. Оп. 1. д. 3. л. 50–50об., 51–51об., 54–54об.
71) ГИАСО. ф. Р-143. Оп. 1. д. 3. Л. 60–60об.
72) ГИАСО. ф. Р-143. Оп. 1. д. 3. Л. 57–57об.
73) ГАРФ. Ф. А-2306. Оп. 71. Д. 1568.

максимума в 1950 г. – общее число корейских школ достигло восьмидесяти семи (пятьдесят начальных школ и тридцать семь семилетних), а количество учеников – 7 тыс. человек.[74]

В своем исследовании А.И. Костанов и И.Ф. Подлубная приводят следующие цифры (см. таблицу 7) о количестве корейских школ и учеников в них обучающихся.

таблицу 7. Развитие сети корейских школ Сахалинской области в 1945-1963 гг. [43, с. 8]

Год	1945	1946	1947	1949	1950	1955	1958	1963
Начальные школы	27	28	28	55	57	32	17	10
Неполные средние школы	–	8	11	13	15	22	13	11
Средние школы	–	–	–	–	–	–	11	11
Общее количество школ	27	36	39	68	72	54	41	32
Общее количество учащихся	2,300	3,000	3,137	4,692	5,308	5,950	7,214	7,239

Перевод корейских школ с японской на советскую систему образования начался в январе 1947 г. Русский язык преподавался еженедельно в течение 12 часов для 1 – 3-х классов и 2-3 часа в день для учащихся 7 – 8-х классов. Школ

---

74) ГИАСО. Ф. П-4. Оп. 1. Д. 639. Л. 41.

по-прежнему недоставало, и 110 детей не были охвачены учебой. Занятия велись в несколько смен. Успеваемость не достигала 80%, так что каждый седьмой-восьмой оставался на второй год, а каждый шестой покидал школу, не закончив ее [63, с. 253].

В начальный период преподавателями в корейских школах работали в основном малоквалифицированные и не знакомые с советской образовательной системой корейцы, обучавшиеся ранее в японских школах. Для замены значительной части этих учителей, а также в связи с расширением сети корейских школ обком ВКП(б) привлекал советских корейцев из Узбекистана и Казахстана.[75] Испытывали корейские школы и проблемы с наличием учебников и методических пособий, а также в связи с размещением в ветхих зданиях бывших японских школ [43, с. 9–10].

В 1958 г. Министерством просвещения была проведена проверка того, как проходит обучение русскому языку в корейских школах Сахалинской области. По результатам проверки был выявлен большой недостаток в наличии школьных программ, учебников, методических пособий.[76]

Помимо насущной проблемы нехватки учебников, квалифицированных учителей и комфортных зданий,

[75] ГИАСО. Ф. П-4. Оп. 1. Д. 639. Л. 41.
[76] ГИАСО. Ф. Р-143. Оп. 1. Д. 218. Л. 1–3.

сахалинскую администрацию остро волновал вопрос о идейно-политическом контроле учебно-воспитательной работы. Считалось, что школы должны не только давать детям знания, но и превращать их в полноценных советских людей, прививать им ценности и представления, которые были официально одобрены в СССР тех лет. Особое внимание идеологической составляющей воспитания уделяли партийные органы. В 1952 г. на имя самого секретаря ЦК ВКП(б) Г.М. Маленкова была направлена просьба сахалинского обкома о назначении дополнительных инспекторов корейских школ. Необходимость этих мер мотивировалась наличием в этих школах «большого количества учителей, не имеющих необходимой педагогической и политической подготовки».[77]

Несмотря на многочисленные трудности, корейские школы сыграли важную роль в деле просвещения сахалинских корейцев и облегчения процесса адаптации корейской диаспоры в советское общество. В 1962 г. областной отдел народного образования обратился в Министерство просвещения РСФСР с предложением о переводе корейских школ Сахалинской области на русский язык обучения. Министерство рекомендовало решить этот вопрос на месте. В результате решением Сахалинского облисполкома от 13

---

77) ГАРФ. Ф. Р-5446. Оп. 86а. Д. 10325. Л. 9.

мая 1963 г. № 169 корейские средние школы были реорганизованы в обычные восьмилетние школы. На русский язык обучения перевели также корейские восьмилетние и начальные школы. Две вечерние корейские школы рабочей молодежи были объединены с русскими [43, с. 18].

Причинами, предрешившими ликвидацию корейских школ в 1963 г., являлись слабая подготовка педагогических кадров, недостаточная обеспеченность учебниками, методическими пособиями и литературой на корейском языке, а также неспособность корейской молодежи, закончившей корейские школы, поступать в советские ВУЗы и получать высшее или средне-специальное образование из-за плохого знания русского языка.

Советская администрация приложила немалые усилия и для ликвидации неграмотности среди взрослого корейского населения. По результатам проверки в 1958 г., было выявлено 6 106 неграмотных, в том числе 1 469 человек среди корейского населения. От общего числа неграмотных женщины составляли примерно 70%. Также было выявлено 5 147 малограмотных, в том числе 573 среди корейцев.[78]

Для обучения неграмотных было привлечено более 960 человек из числа учителей, партийных и комсомольских активистов. Для обучения корейцев был подготовлен

---

[78] ГИАСО. Ф. П-4. Оп. 63. Д. 2. Л. 21–22.

специальный учебник на корейском языке.[79)] Из общего числа неграмотных и малограмотных было обучено 6 538 человек. По информации архивных документов, почти полностью были обучены неграмотные в г. Холмске, в Рыбновском, Томаринском, Лесогорском и Широкопадском районах. Несмотря на проведение большой разъяснительной работы, 330 неграмотных отказались обучаться по причине состояния здоровья, слабого зрения и слуха, а также других физических недостатков.[80)]

Важной составляющей национальной политики советской администрации была и организация досуга корейского населения. Как и следовало ожидать, досуг этот старались наполнять и соответствующим идеологическим содержанием. В 1947 г. при областной филармонии были созданы корейский концертно-эстрадный ансамбль и театральная бригада. В мае 1948 г. отделом культуры при облисполкоме Сахалинской области было принято решение на их базе открыть корейский передвижной драматический театр. В ноябре 1949 г. театру было передано здание бывшего японского кинотеатра в г. Южно-Сахалинске, на пересечении улиц Хабаровской и Крюкова [100, с. 208–209]. В репертуар театра включались произведения классиков корейской

---

79) ГИАСО. Ф. П-4. Оп. 63. Д. 2. Л. 21–22.
80) ГИАСО. Ф. П-4. Оп. 63. Д. 2. Л. 232.

литературы, а также пьесы советских авторов.[81] Репертуар театров находился, естественно, под строгим контролем цензурных органов.

Примечателен сам факт создания и функционирования национального театра для корейского населения Сахалина в этот период. Показательно, что в Узбекской ССР, где численность корейской диаспоры в несколько раз превышала численность корейской диаспоры Сахалина, национальный театр тогда отсутствовал. Представляется, что в этот период руководители советского государства считали корейцев Узбекистана и Казахстана перешедшими максимум национальной культуры и успешно влившимися в наднациональную общность «советский народ».

В 1958 г. местное управление культуры Сахалинского облисполкома было вынуждено признать, что «обновлять ежемесячно репертуар театр не в состоянии» и «вынужден значительное время простаивать».[82] Клубные площадки и пункты расселения корейского населения в области не увеличивались, а, наоборот, уменьшались в связи с выездом корейцев (в основном тех, кто прибыл по трудовым договорам из Северной Кореи) из области. Площадок, на которых выступал корейский театр, насчитывалось 16, и

---

81) ГИАСО. Ф. Р-131. Оп. 1. Д. 4. Л. 94.
82) ГИАСО. Ф. Р-53. Оп. 25. Д. 1666. Л. 14–15.

облуживание их занимало чуть более месяца в год.[83)] С учетом того, что театр обслуживал в основном русское, а не корейское население, и нес большие финансовые убытки, руководство театра просило исполком областного совета депутатов разрешить гастроли корейского театра в Узбекской ССР «для выполнения финансового плана и подготовки нового репертуара, а также для творческого обмена и обслуживания корейского населения».[84)]

В этих условиях, исполком Сахалинской области решил реорганизовать с 1 июля 1959 г. театр в ансамбль корейской песни и танца. С 1 августа в здании корейского драматического театра был открыт корейский Дом культуры, в котором работали кружки художественной самодеятельности. Впрочем, корейский концертно-эстрадный ансамбль тоже просуществовал недолго: вскоре его, как и его предшественника – корейский театр – также сократили за ненадобностью и убыточностью [100, с. 212].

Не мог остаться в стороне от внимания советских властей и вопрос о средствах массовой информации. С 1 июня 1949 г. в Хабаровске три раза в неделю тиражом 7 тыс. экземпляров стала выходить газета «Корейский рабочий» [114, с. 307]. В 1950 г. редакция газеты переехала в г. Южно-Сахалинск.[85)]

---

83) ГИАСО. Ф. 53. Оп. 25. Д. 1666. Л. 14–15.

84) ГИАСО. Ф. 53. Оп. 25. Д. 1666. Л. 16.

85) ГИАСО. Ф. 53. Оп. 25. Д. 1666. Л. 7.

Тираж газеты был повышен сначала до 10 тыс. экземпляров, а потом и до 12 тыс. экземпляров, с периодичностью выпуска 5 раз в неделю.[86] С 1961 г. газета стала называться «Ленин-ый кильло» («По ленинскому пути»), а в 1991 г. была переименована в «Сэ корё синмун» («Новая корейская газета»). Так же как и все газеты Советского Союза, газета подвергалась тщательной цензуре и выполняла роль идейно-политического пропагандиста советского строя.[87]

Корейской газете Сахалина, несмотря на отдельные трудности, было суждено просуществовать дольше, чем корейским школам и корейскому театру. В условиях развала Советского Союза и последовавшего вслед за этим периода демократизации всех сфер жизни общества, газета сумела сохраниться, найти себя в новых условиях. С 1995 г. в газету была включена полоса на русском языке. «Сэ корё синмун» до сих остается главным проводником сохранения, развития и возрождения корейского языка и культуры, освещает основные проблемы и события, касающееся корейской диаспоры, является связующей нитью между корейцами Сахалина и исторической родиной.

В 1956 г. заработало на Сахалине и корейское радио. Шесть раз в неделю по 30 минут на корейском языке

---

86) ГАРФ. Ф. Р-5446. Оп. 86а. Д. 10325. Л. 2.

87) Более подробно об истории корейской газеты, см. недавно вышедший буклет, посвященный 70-летию «Сэ корё синмун» – «Сэ корё синмун» – 70/О нас. Южно-Сахалинск, 2019. 12 с.

передавались информационные блоки: материалы ТАСС о жизни страны, местные события, пропагандистские передачи, северокорейские и советские песни. В 1963 г. коллектив радио-редакции переехал в специализированные помещения вновь построенного Дома радио по улице Комсомольской в г. Южно-Сахалинске, где располагается и в настоящее время [55, с. 197].

В 1952 г. Сахалинским обкомом ВКП(б) были проведены дополнительные меры по работе с корейским населением Сахалинской области. С 1 октября 1951 г. был начат прием корейцев в сельскохозяйственные артели и рыболовецкие колхозы, на многих предприятиях проведены собрания корейских рабочих. Велась активная работа по созданию политкружков, кружков по ликвидации неграмотности, усилилась чекистская работа среди корейского населения. Партийным, советским, профсоюзным, комсомольским организациям и хозяйственным органам области были даны соответствующие указания по вопросам, которые до последнего времени оставались нерешенными: об организации для корейцев кружков по изучению «Краткого курса истории ВКП(б)» и биографий В.И. Ленина и И.В. Сталина, об организации технического обучения и повышения квалификации корейских рабочих, о вовлечении лучших производственников-корейцев в работу постоянно-действующих комиссий местных профорганов; об участии корейских рабочих в социалистическом соревновании и мерах их поощрения; о выделении работающим корейцам земельных участков под индивидуальные огороды и т.д.[88]

Для улучшения работы с корейским населением Сахалинский обком также запросил санкции ЦК ВКП(б) о приеме корейских рабочих в члены профсоюзов, добровольных и спортивных обществ, о разрешении на сдачу на значок ГТО и БГТО, создание пионерских организаций в корейских школах, разрешении корейскому населению участвовать в подписке на госзаймы СССР. Не забывали власти, впрочем, и о более жестких методах контроля: в то же время управление МГБ Сахалинской области просило МГБ СССР помочь кадрами, и отправить на Сахалин 6 корейцев-чекистов, а также 4-5 опытных чекистов на должности начальников городских и районных отделов МГБ.[89]

В 1952 г. в г. Поронайске на ул. Восточная, д. 37, в здании казармы, принадлежащей войсковой части 41089, в ветхом здании японского типа[90] открылось педагогическое училище с двумя школьными отделениями – русским и корейским. На корейское отделение было принято 63 человек (в том числе женщин – 23) в две группы обучения.[91]

---

88) ГАРФ. Ф. Р-5446. Оп. 86а. Д. 10325. Л. 6–7.

89) ГАРФ. Ф. Р-5446. Оп. 86а. Д. 10325. Л. 1–5.

90) ГИАСО. Ф. Р-143. Оп. 1. Д. 198. Л. 15.

91) ГИАСО. Ф. 143. Оп. 1. Д. 72. Л. 182, 201.

В 1955 г. Поронайское педучилище переехало на ул. Угольную, 54[92], и там уже обучалось на первом курсе – 30 человек, на втором – 37, на третьем – 47 и на четвертом курсе – 31 человек (всего – 145, из них женщин – 62).[93]

В 1956 г. в соответствии с распоряжением Совета Министров СССР за № 173-рс корейская молодежь, не имеющая советского гражданства, получила право поступать на учебу в вузы страны и средние специальные учебные заведения[55, с. 178]. В 1958 г. было открыто отделение корейского языка в Южно-Сахалинском педагогическом училище [114, с. 195].

В 1956 г. сахалинские власти докладывали в ЦК КПСС: «В связи с проведенными мероприятиями за истекший период значительно вырос политический и культурный уровень корейского населения. В целом политическое настроение проживающего в области корейского населения здоровое. Вместе с тем большая часть корейского населения в политическом и культурном отношении все еще отстает, и среди них нередко проявляются отсталые настроения и пережитки прошлого в быту. Особенно отстают в политическом и культурном отношении женщины. Большинство женщин-кореянок не занимаются общественно-полезным трудом. Многие из них в семье находятся на

---

92) ГИАСО. Ф. 143. Оп. 1. Д. 111. Л. 68.
93) ГИАСО. Ф. 143. Оп. 1. Д. 111. Л. 65.

неравноправном положении, ведут затворнический образ жизни. Встречаются отдельные случаи выдачи замуж за выкуп несовершеннолетних девушек-кореянок. Этому в известной степени способствует и то, что на острове женщин-кореянок значительно меньше, чем мужчин, и последним очень трудно в этих условиях создать семью».[94]

Однако, несмотря на проделанную работу, в 1958 г. Сахалинский обком КПСС с беспокойством докладывал в ЦК КПСС: «Среди значительной части корейского населения Сахалинской области все еще сильно сказываются пережитки прошлого. Пользуясь недостаточной сознательностью некоторых корейцев и особенно женщин, под видом шаманов и знахарей скрытно действуют различные темные личности, пропагандируя невежество и обирая трудящихся-корейцев. Имеют место факты, когда родители за калым отдают своих дочерей замуж. Довольно значительно распространение среди корейцев имеет морфинизм, опиумокурение, азартно картежные игры и т.п···. воспитательная работа партийных организаций среди корейских трудящихся страдает еще серьезными недостатками. Это стало особенно заметно в последнее время, когда на Дальнем Востоке усилилась зарубежная антисоветская радиопропаганда на корейском и японском языках, и когда выяснилось, что многие корейцы постоянно

---

[94] РГАНИ. Ф. 5. Оп. 32. Д. 52. Л. 19.

слушают эти враждебные передачи».[95)]

Для того, чтобы искоренить такие, не очень приятные для советской власти, «пережитки прошлого», администрацией Сахалинской области были созданы 7 корейских библиотек в районах, где проживало большое количество корейского населения, увеличена продажа литературы на корейском языке, Обществом по распространению политических и научных знаний были организованны секции по проведению лекционной пропаганды. В соответствии с постановлением Совета Министров СССР 1 400 женщинам-кореянкам было назначено государственное пособие, как многодетным и одиноким матерям.[96)] Решено было более широко привлекать в комсомольские организации корейских юношей и девушек, улучшить среди них политическую работу и через молодежь усилить борьбу с отрицательными явлениями среди взрослого корейского населения, тем самым повысить производственную и политическую активность корейцев, значительно активизировать работу по их вступлению в советское гражданство.[97)]

Отдав должное той огромной работе, которая советская администрация на Сахалине проделала по отношению

---

95) ГИАСО. Ф. П-4. Оп. 63. Д. 2. Л. 41–43.

96) ГИАСО. Ф. П-4. Оп. 63. Д. 2. Л. 41–43.

97) РГАНИ. Ф. 5. Оп. 32. Д. 78. Л. 2–4.

к сахалинским корейцам, следует помнить, что все социальные институты могли существовать только с прямого разрешения органов государственной власти, и действовать в русле той политики, которая проводилась государством по отношению к нетитульным национальностям. Свободное волеизъявление и самоорганизация не приветствовались или прямо подавлялись – даже в тех случаях, когда спонтанно возникшие организации не собирались бросать прямого вызова официальной идеологии и существующему строю.

Например, Пак Хен Чжу в своей книге «Репортаж с Сахалина» рассказывает о подпольной коммунистической партии, созданной в 1950 г. корейскими активистами в г. Макарове, Горнозаводске, Южно-Сахалинске, Невельске. Эта организация не занималась антисоветской деятельностью и создавалась исключительно для того, чтобы помочь корейцам вернуться на родину. Сахалинская корейская коммунистическая партия имела свою программу, цель, задачи и принципы. Однако уже в августе 1950 г. начались аресты активистов партии органами внутренних дел. Они были осуждены на 10 лет лагерей, а партия была ликвидирована. К сожалению, кроме свидетельств очевидцев, сведений об этой партии практически нет, и найти их в архивах представляется на данном этапе невозможным в силу закрытости подобной информации.

Попытки корейцев проявлять инициативу и создавать неподконтрольные властям социальные институты вызывали немалое беспокойство у советской администрации. Например, в 1952 г. Сахалинский обком докладывал в Москву: «На предприятиях и в учреждениях Сахалинской области занято свыше 21 тыс. корейцев, ⋯ среди них наблюдается большое стремление к активной общественной жизни, однако, им не предоставлено право вступать в различные советские общественные организации и даже не разрешен прием в профсоюзные кассы взаимопомощи. Эти обстоятельства толкают многих корейцев создавать свои обособленные организации, группы, общества, «братства по оказанию взаимопомощи» и т.д. В целях привлечения корейских рабочих к общественной политической жизни, вовлечения их в более активную производственную деятельность и отвлечения от желания создавать обособленные национальные организации, просим разрешить прием в члены профсоюзов корейцев».[98]

В 1958 г. в г. Южно-Сахалинске группа инициативной корейской молодежи (одним из подписавших прошение был Ли Бен Дю, первым из корейцев Сахалина защитивший кандидатскую диссертацию в 1976 г.) запросила

---

98) ГАРФ. Ф. Р-5446. Оп. 86а. Д. 10325. Л. 4–5.

администрацию района об организации корейского клуба для проведения досуга.[99] Прошение было отклонено на том основании, что корейцы «работают совместно с русскими на производстве, в учреждениях и также на равных правах имеют возможность пользоваться рабочими клубами, кинотеатрами и областным драмтеатром».

Можно констатировать, что советские власти провели большую работу в среде корейского населения (особенно в первые послевоенные годы). В результате возникли и стали оказывать огромное влияние на корейскую диаспору различные социальные институты – национальные школы, газета, радио, кружки и т.д. Тем не менее, вся эта работа проводилась в русле национальной политики Советского Союза, а социальные структуры существовали под строгим контролем коммунистической партии и органов государственной безопасности. В этом отношении ситуация отчасти напоминала период существования губернаторства Карафуто, когда корейские национальные организации – поскольку они вообще существовали – действовали под строгим контролем японских властей.

После периода перестройки, демократизации общественных отношений, связанной с распадом СССР, установления и расширения международных связей с

_____

[99] ГИАСО. Ф. 53. Оп. 25. Д. 1666. Л. 10.

исторической родиной развитие корейских социальных институтов на Сахалине вышло на новый уровень. В связи с демократизацией страны и распадом однопартийной системы, а также с изменениями в идеологической ситуации, появилась возможность создавать общественные организации, в том числе и на национально-этнической основе. Этой возможностью в полной мере воспользовались и в среде сахалинской корейской диаспоры.

Перемены на Сахалине начались в конце 1980-х гг. В июне 1989 г. официально была зарегистрирована первая общественная организация «Общество разделенных семей сахалинских корейцев»[100], возникновение которой связано с именем известного сахалинского корейца Бок Зи Коу (Михаила Ивановича).[101] Общество было официально зарегистрировано 22 июня 1989 г., был утвержден его устав. Создание же его сопровождалось следующими событиями.

Михаил Иванович в 1988 г. был членом советской делегации на летних Олимпийских Играх, прошедших в

---

[100] Официально зарегистрированная в 1989 г., по факту эта первая легальная общественная организация корейцев Сахалина начала свою работу на год раньше – в 1988 г. Сначала она носила название Региональная общественная организация сахалинских корейцев, а позже была переименована в Региональную областную общественную организацию разделенных семей сахалинских корейцев (РООО РССК).

[101] Бок Зи Коу (1929–2009) – известный сахалинский ученый, доктор экономических наук, основатель и директор Института востоковедения и африканистики Сахалинского государственного университета. Автор монографии «Корейцы на Сахалине», ветеран труда.

столице Республики Корея Сеуле. Во время поездки Бок Зи Коу познакомился с Ли Ду Хуном , председателем «Ассоциации разделенных семей в КНР и СССР» (Республика Корея), который передал ему список 474 южнокорейцев, ищущих своих родственников на Сахалине. Именно этот список, а также общение с Ли Ду Хуном, стало основой для создания Общественной организации разделенных семей сахалинских корейцев [14, с. 187].

Ил. 10. Рабочее заседание по проблемам сахалинских корейцев. Слева направо – председатель общества разделенных семей г. Тэгу И Ду Хун, японский адвокат Такаги Кэнити, сахалинский ученый Бок Зи Коу, председатель сахалинского общества разделенных корейских семей Се Юн Дюн. 1990 г.

Вернувшись на Сахалин из Южной Кореи, Бок Зи Коу 27 декабря 1988 г. обратился с письмом к первому секретарю обкома КПСС В.С. Бондарчуку, где указал необходимость создания в Южно-Сахалинске общественной организации «группы по содействию встреч родственников, проживающих в Южной Корее и Сахалине», основными целями которой должны стать розыск родственников, проживающих в Южной Корее, установление переписки с ними, организация встреч на Сахалине и в Южной Корее, координация действий с подобными организациями в Японии и Южной Корее [14, с. 144–145].

В конце января 1989 г. в Южно-Сахалинском горкоме КПСС состоялась встреча руководителей областной партийной организации с гражданами корейской национальности. На встрече, где присутствовал В. Бондарчук, Бок Зи Коу и другие руководители областных учреждений, были подняты актуальные проблемы межнациональных отношений, вопросы, волновавшие корейское население. Газета «Советский Сахалин» подробно осветила данную встречу [69, с. 2–3].

После подготовительной работы 22 июня 1989 г. было зарегистрировано решение исполкома областного совета народных депутатов[102] № 160 о регистрации Устава областного общества разделенных семей сахалинских корейцев. Главными задачами общества были

---

102) Исполком областного совета народных депутатов – высший орган исполнительной власти в Сахалинской области, предшественник Сахалинского областного правительства.

задекларированы оказание сахалинским корейцам помощи в розыске родственников в Корее и Японии и встреч в стране их проживания.[103] Председателем общества на учредительном собрании был выбран Се Юн Дюн, Бок Зи Коу стал консультантом.[104]

Региональная общественная организация разделенных семей сахалинских корейцев существует до сих пор и является одной из авторитетных корейских сахалинских организаций. К недавним ее мероприятиям относится проведение анкетирования по вопросу желания корейцев второго и третьего поколения переехать в Республику Корея на постоянное место жительства. Анкетирование наделало много шума в сахалинской корейской общине, привлекло к себе внимание прессы и российского правительства. Авторитет Региональной общественной организации разделенных семей сахалинских корейцев был подтвержден в 2016 г., когда ее председатель Пак Сун Ок (Оксана Владимировна) был выбран президентом Региональной общественной организации «Сахалинские корейцы» – центральной организации сахалинской корейской диаспоры.

Общество установило контакт с аналогичными организациями Японии и Южной Кореи. Было подписано соглашение об организации встреч сахалинских корейцев с

---

103) ГИАСО. Ф. 53. Оп. 1. Д. 2913. Л. 59–62.
104) ГИАСО. Ф. 53. Оп. 1. Д. 2913. Л. 65–67.

родственниками за границей (на практике – в Японии и Южной Корее). Уже 8 февраля 1990 г. Обществу удалось организовать чартерный рейс из Сеула в Южно-Сахалинск «Боинга-727», принадлежащего компании «Кориэн Эйрланс», на котором 120 сахалинский корейцев первого поколения выехали на встречу с родственниками. За пять лет активной работы при содействии Общества было организовано посещение исторической родины для 4 914 сахалинских стариков.

После того, как была зарегистрирована первая организация, стали возникать и другие, ставящие перед собой различные цели. 19 декабря 1989 г. сахалинский облисполком зарегистрировал решение № 318 о регистрации Областного корейского культурного центра.[105] Тогда же был зарегистрирован его устав. В настоящее время Корейский культурный центр обрел собственное здание (деньги на его постройку выделило японское правительство) в г. Южно-Сахалинске по адресу: пр. Мира, 836.

24 марта 1990 г. состоялась учредительная конференция Ассоциации сахалинских корейцев[106], в работе которой приняли участие делегаты советов по работе с корейским населением городов и поселков Сахалинской области. На

---

105) ГИАСО. Ф. 53. Оп. 1. Д. 2921. 259 л. Л. 67.

106) Ныне Ассоциация называется – Региональная общественная организация «Сахалинские корейцы» (РООСК).

конференции были рассмотрены вопросы создания Ассоциации сахалинских корейцев, принятия устава и программы, выборы правления, председателя, ревизионной комиссии, создания Всесоюзной ассоциации советских корейцев. Первым председателем стал Ким Ми Ун, директор Корейского культурного центра [112].

По состоянию на 1 марта 1992 г. действовало 21 отделение Ассоциации сахалинских корейцев, которые находились в крупных районных центрах Сахалинской области. Бок Зи Коу приводит следующий список отделений:

Таблица 8. Список председателей отделений АСК на 1 марта 1992 г.[107]

№ п/п	Местность	Численность корейского населения	ФИО председателя АСК	Адрес	Телефон
	Анива	833	Юн Хин Ман	694030, Анива, ул. Вокзальная, 57	5-26-31 (дом.)
	Быков	950	Ким Сан Су	694062, п. Быков, ул. Полевая, 3а	2-03 (раб.), 3-41 (дом.)
	Горнозаводск	984	Кан Дон Су	694760, Горнозаводск, ул. Советская, 40, кв. 32	1-27 (дом.), 3-11 (раб.), 3-76
	Долинск	1,664	И Ен Хван	694070, Долинск, 1-й Степной пер., 1	2-33-82 (раб.), 2-12-95 (дом.)

107) Таблица дана в оригинале с сохранением русифицированного написания имен сахалинских корейцев, см.

№ п/п	Местность	Численность корейского населения	ФИО председателя АСК	Адрес	Телефон
	Корсаков	3,840	Ли Ги Чур	694000, Корсаков, ул. Флотская, 50, кв. 43	2-33-82 (раб.), 2-12-95 (дом.)
	Красногорск	615	Хон Ен Хо	694850, Красногорск, ул. Набережная, 78	3-13-19 (раб.), 3-12-80 (дом.)
	Макаров	1,720	Ри Бен Хи	694140, Макаров, ул. Социалистическа, 4б, кв. 47	65-5-15 (дом.), 65-5-06 (раб.)
	Невельск	990	Ю Хван Бок	Невельск, ул. Ленина, 82, кв. 38	23-69 (раб.)
	Томари	873	Хе Нам Хун	694820, Томари, ул. Калинина, 10	2-15-18 (дом.)
	Углегорск	2,624	У Ден Гу	694900, Углегорск, ул. Пионерская, 5, кв. 17	2-09-95 (дом.), 2-2-78 (раб.)
	Холмск	4,300	Пак Ден Чер	Холмск, ул. Морская, 6, кв. 12	2-42-31 (дом.), 2-36-51 (раб.)
	Шахтерск	1,530	Ким Ен Ун	694810, Шахтерск, ул. Мира, 20, кв. 40	8-36 (бухг.)
	Синегорск	268	Пак Ен Гир	Синегорск, ул. Горная, 6, кв. 71	3-85 (дом.)
	Ново-Александровск	1,400	Ким Сен Гир	П. Ново-Александровск	
	Тымовск	500	Чво Ок Чер	Тымовск, ул. Кировская, 102, кв. 12	22-8-81 (раб.), 21-9-35 (дом.)
	Смирных	500	Ким Дон Те	п. Победино, ул. Речная, 24	2-44

№ п/п	Местность	Численность корейского населения	ФИО председателя АСК	Адрес	Телефон
	Луговое	1,523	Ким Ден Хван	п. Луговое, ул. Дружбы, 100, кв. 28	93-3-01, 93-5-53
	Южно-Сахалинск	14,300	Ким Чун Ген	г. Южно-Сахалинск, ул. Ленина, 314, кв. 43	2-23-96 (раб.), 5-2975 (дом.)
	Поронайск	2,260	Дю Ок Сун	Поронайск, ул. Победы, 82, кв. 52	4-30-34 (раб.), 4-35-35 (дом.)
	Вахрушев	209	Тен Сен Гван	п. Вахрушев, ул. Центральная, 121, кв. 23	28-2-28 (дом.), 28-4-24 (раб.)
	Восток	359	У Ен Де	п. Восток, ул. Гагарина, 22, кв. 16	32-3-49 (дом.)
	Итого	42,242			

Примечание: Численность населения является оценочной, сделанной АСК.

Помимо вышеперечисленных общественных организаций в разное время на Сахалине появлялись различные общественные организации, ставящие перед собой цели добиться репатриации сахалинских корейцев и сохранение корейской культуры, борьбы за права насильно мобилизованных корейцев и другие цели. Часть из них исчезла, часть сохранялась и успешно функционирует до сих пор.[108]

---

[108] Список неполон и не в должной мере отображает все общественные организации сахалинских корейцев, однако это первая и пока единственная попытка предоставить полную справочную информацию о сахалинских корейских общественных организациях: Организации корейцев СНГ: сахалинские корейцы // Режим доступа: http://www.

26 сентября 1990 г. сахалинский облисполком зарегистрировал центр корейских предпринимателей «Чигу».[109] Данный центр главной целью своей деятельности предполагал взаимодействие с южнокорейскими бизнесменами и предпринимателями, привлечение инвестиций в экономику Сахалинской области, налаживание взаимовыгодного сотрудничества и торговли между Южной Кореей и Сахалином. Однако по некоторым причинам деятельность центра не была успешной и постепенно была свернута.

Активной в середине 2000-х гг. была деятельность Сахалинского регионального корейского общественного фонда «За восстановление справедливости» и его президента Ким Бок Кона (Виктора Михайловича). Активисты фонда ставили перед собой цель добиться признания Японией юридической ответственности за судьбы сахалинских корейцев, за нарушение их прав в вопросах эксплуатации, несостоявшейся репатриации, лишения гражданства, выплаты вкладов сахалинских шахтеров.[110] Средством

---

arirang.ru/regions/russia/sakhalin.htm. Дата доступа: 10.06.2017

109) ГИАСО. Ф. 53. Оп. 1. Д. 3011. Л. 144.

110) Сахалинские корейские шахтеры в период войны не получали причитающееся им законное жалование – большей частью оно шло на вклады почтового банка Тоёхары (ныне –- г. Южно-Сахалинск), записи которого после войны были утеряны. Японское правительство не смогло решить этот вопрос и деньги сахалинских корейцев так и не были выплачены. См.: ГИАСО. Ф. 1038. Ф. 1. Д. 104. Л. 14–15.

деятельности Фонд выбрал обращения к депутатам парламента Японии, российскому правительству, судебные разбирательства и т.д. В настоящий момент Фонд из всех вопросов наиболее активно прорабатывает вопрос о гражданстве – праве сахалинских корейцев любого поколения получать гражданство Республики Корея. Деятельность Фонда вслед за своим основателем и президентом Ким Бок Коном переехала в Санкт-Петербург, однако по-прежнему ее влияние ощущается на Сахалине.

Одной из авторитетных организаций также является Общественная организация старейшин сахалинских корейцев, которая объединяет сахалинских стариков (наиболее активную часть сахалинской корейской диаспоры в деле отстаивания своих прав и поднятия вопросов исторической справедливости). В настоящее время общественная организация старейшин ведет деятельность в вопросе перезахоронения праха сахалинских корейцев с Сахалина в Южную Корею[111], а также несколько лет подряд проводит исторический лагерь для сахалинской корейской молодежи. Если перезахоронение сахалинских корейцев имеет значение для восстановления исторической справедливости, то исторический лагерь, включающий в себя обзор истории, обучение обрядам, посещение

---

111) См., например: Сэ корё синмун. 11 сентября 2015 г., с. 4 и др.

памятников и важных исторических мест, служит делу передаче потомкам важных сведений об истории, культуре и ментальности сахалинских корейцев.[112]

Актуальной для сахалинской корейской диаспоры является малая вовлеченность в деятельность общественных организаций сахалинской корейской молодежи. За немногим исключением на отчетных собраниях и других мероприятиях можно увидеть в основном людей первого и второго поколения. Для решения этой проблемы 29 августа 2008 г. был создан «Сахалинский корейский клуб», объединяющий корейскую молодежь. Первым президентом клуба стал известный сахалинский бард Сергей Хан, вице-президентом Лиеде Сан Бок. В течение нескольких активных лет Сахалинский корейский клуб смог провести несколько значительных мероприятий – празднование Нового года по восточному календарю, детский корейский лагерь в сотрудничестве с Университетом Пусан (Южная Корея), Останкинские встречи (в рамках которых на Сахалин были приглашены такие известные личности как кореевед Андрей Ланьков и писатель Анатолий Ким), детские летние лагеря и т.д. Сахалинский корейский клуб был ликвидирован 20 января 2012 г.[113]

Еще одной важной организацией, ведущей свою

---

112) См. Сэ корё синмун. 10 июля 2015 г., с. 8; 7 августа 2015 г., с. 3.

113) РОО «Сахалинский корейский клуб» // Режим доступа: http://www.rusprofile.ru/id/189280#liquidate (дата обращения 13.06.2017)

деятельность в интересах сахалинских корейцев, является Московская общественная организация «Общество сахалинских корейцев». МОО «ОСК» была основана сахалинскими корейцами, переехавшими в столицу России на постоянное место жительства, однако при этом не потерявшие и не забывшие свои корни. Они ведут активную деятельность в Москве, проводят корейские национальные мероприятия, регулярно собираются, чтобы осудить насущные проблемы, ведут сайт в Интернете, проводят семинары и конференции.[114]

Рассматривая деятельность общественных организаций в период с 1989 по 2015 гг., можно сказать, что им удалось добиться существенных успехов. Здесь можно упомянуть поиски и встречи родственников в Корее и на Сахалине в 1990-х гг., телемост Южно-Сахалинск–Сеул–Тэгу, осуществленный при поддержке южнокорейской телерадиокомпании КБС и Сахалинской государственной телерадиокомпании в январе 1990 г.[115], чартерные рейсы компании «Кориан аэр», репатриация первого поколения сахалинских корейцев в Республику Корея (в города Ансан, Инчон, Пачжу и т.д.), мероприятия по сохранению и

---

114) Общество сахалинских корейцев // Режим доступа: http://mobsk.ru (дата обращения 13.06.2017)

115) Кузин А.Т. История корейского населения российского Сахалина (конец XIX – начало XXI вв.): дисс⋯ докт.ист.наук. Южно-Сахалинск, 2011. С. 293.

передаче потомкам традиционных корейских обрядов, активное взаимодействие с правительствами России, Южной Кореи, Японии и т.д.

По некоторым сведениям, на 1 января 2010 г. на территории Сахалинской области действовало 26 различных общественных корейских организаций, основной из которых является региональная общественная организация «Сахалинские корейцы» (РООСК), работающая с 1997 г. [56, с. 95]

Общественные организации сахалинских корейцев играют ведущую роль в деле возрождения корейского языка и культуры, установления и расширения международных связей корейской диаспоры, восстановления исторической справедливости. Для большинства этих организаций важнейшими остаются вопросы репатриации сахалинских корейцев в Южную Корею и проблема разделенных семей.

Важным показателем возрождения национальной культуры на Сахалине стало возобновление преподавания корейского языка в учебных заведениях области.

Статус «корейской школы» получила средняя общеобразовательная школа № 9 г. Южно-Сахалинска. С 1992 г. она считается школой с углубленным изучением восточных культур и языков – корейский, японский или китайский языки дети изучают со 2 класса, а с 1997 года изучение восточных языков является обязательным для большинства учеников. Ныне – это муниципальное автономное общеобразовательное учреждение «Восточная гимназия города Южно-Сахалинска». Находится она по адресу: г. Южно-Сахалинск, ул. Южно-Сахалинская, 22.[116]

В 1991 г. корейский язык на Сахалине преподавался в 12 школах 9 районах области (в 1-4 классах – 425 учащихся, в 5-9 классах – 100 учащихся). Управлением народного образования Сахалинской области в 1991 г. был подготовлен проект Программы стабилизации и развития системы образования, в котором предусматривается использование разных возможностей финансовой поддержки образования, создания дополнительных условий для изучения родных языков, в том числе корейского [17, с. 218].

Корейский язык и иные связанные с Кореей предметы стали преподаваться и в высших учебных заведениях области. В 1988 г. на базе исторического факультета Южно-Сахалинского педагогического института было открыто корейское отделение. В 1991 г. на базе корейского и японского отделений был образован восточный факультет [14, с. 161–162]. В настоящее время бывший восточный факультет носит название Института Экономики и Востоковедения при Сахалинском Государственной Университете (университет был создан на базе пединститута в 1998 г.). Институт готовит учителей корейского языка и специалистов в области

---

116) См. официальный сайт школы: URL: http://www.school9.sakh.com

литературы Кореи, позволяя всем желающим корейской национальности (и не только) получить знания об исторической родине на высоком, профессиональном уровне.

Помимо продолжавшей работать корейской газеты, для корейцев Сахалинской области в 2004 г. на ГТРК «Сахалин» было создана группа телевизионного вещания на корейском языке «Уримал бансон КТВ». Передачи ведутся на корейском и русском языке, демонстрируются кинофильмы об истории и культуре Кореи.[117]

В 1993 г. правительством Южной Кореи был создан Центр Просвещения в г. Южно-Сахалинске. Он осуществляет поддержку в развитии и изучении корейского языка, культуры и истории, консультирует желающих учиться в Республике Корея, оказывает помощь соотечественникам, проживающим или обучающимся в Сахалинской области. С 2006 г. Центр Просвещения размещается в здании Корейского культурного центра, построенном на деньги, выделенные японским правительством. Корейский культурный центр и Центр Просвещения Республики Корея стали важным мостом, соединяющим сахалинских корейцев с исторической родиной, со своей этнической культурой, языком, историей.[118]

---

117) Корейское телевидение не имеет своей страницы в интернете, но передачи выкладываются в популярной интернет-сети youtube (см. URL: https://www.youtube.com/channel/UCoAdetr0qfL48cvMy181rMw)

118) Центр просвещения и культуры Республики Корея на Сахалине // Официальный сайт. Режим доступа: http://www.sakhalinedu.com/rus/main/main.php

Немалую роль играет активность южнокорейских пасторов-протестантов, которые действуют на юге Сахалина, где ими построено более десяти церквей. Они ведут миссионерскую работу среди как корейцев, так и русских, а также занимаются образовательными проектами. В 1993 г. в Южно-Сахалинске по инициативе и финансовой поддержке южнокорейских пасторов был основан частный религиозный институт «Сам Юк», где помимо религиозных дисциплин преподавались и иностранные языки – корейский, японский и английский. Институт «Сам Юк» готовил переводчиков иностранных языков, которые могли быть ассистентами у южнокорейских пасторов. Просуществовав несколько лет, институт «Сам Юк» был ликвидирован.

Влияние становления, развития и расширения национальных социальных институтов на языковую идентификацию корейского населения Сахалинской области можно проследить по таблице 9 :

таблице 9. Численность корейского населения Сахалинской области и владение языками (1959-2002 гг.).

	1959	1970	1989	2002
Все корейское население (человек / проценты)	42 337 / 6,5%	35 396 / 5,7%	35 191 / 5,0%	29 592 / 5,4%
в том числе с родным языком:				
русским	2 546	7 398	22 230	29382
корейским	39 729	27 978	12 908	210
прочими	62	20	53	0
владение вторым языком				
русским		21 042		

Из таблице 9 видно как изменялись языковые ориентиры сахалинской корейской диаспоры. До 1945 г. большинство корейцев были неграмотны, связано было с условиями миграции – в основном трудовой и шедшей из аграрных южных районов Кореи. Те немногие корейцы, которые получили образование, учились в японских школах и на японском языке. Разумеется, к приходу советской армии на Южный Сахалин и Курильские острова все население не знало русского языка (за исключением единиц, попавших на Карафуто в 1920-25 гг. с советского Дальнего Востока через Северный Сахалин, временно оккупированный Японией).

Поставив перед собой задачу просветить корейское население, Советский Союз добился в этом направлении больших успехов. Открытие корейских школ, постоянная работа по просвещению позволила добиться ликвидации неграмотности. Особенности национальной политики СССР привели к тому, что корейское население обучалось своему родному языку. В результате даже в 1959 г. из 42 337 корейцев Сахалина родным языком корейский считало 39 729 корейцев (или 93,8 % всех корейцев), а родным языком русский – только 2 546 корейца или 6 %.

Поддержав на начальном этапе этническую культуру корейцев Сахалинской области, а также обеспечив минимальное просвещение нерусского населения обретенных территорий, советское правительство решило, что задачи максимального развития культуры выполнены и в начале 1960-х гг. свернуло многие программы развития корейской культуры на Сахалине. Были ликвидированы корейские школы, корейский передвижной театр и концертно-эстрадный ансамбль, корейское отделение при Южно-Сахалинском педагогическом училище. Вместе с тем, были сохранены корейская газета и радио. В первое десятилетние после изменения политики советского руководства, знание корейское языка значительно упало, хотя по-прежнему оставалось значительным. По проведенной в 1970 г. всесоюзной переписи населения, в Сахалинской области из 35 396 корейцев, родным языком корейский считали 27 978 человек или 79%, русский – 7 398 человек или 20,9 %.[119] Вместе с тем русский язык как второй язык знали 21 042 корейцев или 59,4 % от общей численности корейского населения Сахалинской области.

Однако ко времени начала перестройки или к последней всесоюзной переписи населения 1989 г. русский язык в корейской диаспоре становится превалирующим. Немалую роль здесь сыграли естественные демографические процессы – к тому времени большинство общины составляли люди, получившие образование уже после закрытия корейских школ. По состоянию на 1989 г., из 35 191 корейца Сахалинской области, русским языком как родным владело в 1989 г. 22 230

---

119) ГИАСО. Ф. 3. Оп. 2. Д. 98. Л. 14.

человек (63,2%), корейским же только 12 908 человек (36,7%).

Несмотря на наступивший период демократизации российского общества после развала Советского Союза и, соответственно, исчезновения контроля за национальными структурами со стороны государства, процесс русификации корейцев Сахалинской области зашел так далеко, что практически полной утрате корейского языка не смогли помешать ни вновь возникшие социальные институты, ни открывшиеся международное сотрудничество с Южной Кореей (правительственные и общественные организации последней поддерживают процесс развития корейского языка и культуры). По данным первой всероссийской переписи населения 2002 г., из 29 592 корейцев, проживающих в Сахалинской области, русский язык признали родным 99,3% или 29 382 человек, а корейский – только 210 человек или 0,7%.[120] Тем не менее, социальные институты, ориентированные на поддержку национальной корейской культуры, продолжают существовать и развиваться, что говорит о том, что в корейской диаспоре Сахалинской области по-прежнему очень высок интерес к корейской культуре. При этом этот интерес существует в условиях почти полной утраты родного языка.

---

[120] Всероссийская перепись населения 2002 г. Том 4. Национальный состав и владение языками, гражданство // Всероссийская перепись населения 2002 г. URL: http://www.perepis2002.ru

Становление и развитие социальных институтов сахалинской корейской диаспоры происходило в сложных условиях. На первом этапе – миграции корейского населения на территорию японского губернаторства Карафуто, социальные структуры практически отсутствовали, а те, которые присутствовали в небольшом количестве, были созданы японскими властями и находились под их строгим контролем. Во второй период – от времени перехода Южного Сахалина и Курильских островов под управление Советского Союза до времени перестройки и распада последнего – социальные институты стали возникать и функционировать в большом количестве, однако их возникновение, расширение и ликвидация также проходили под строгим контролем советской администрации. И наконец, с начала 1990-х гг. по настоящее время длится период возрождения корейской культуры на Сахалине, возникновение новых, а также расширение и изменение существовавших социальных институтов. Этому способствует наступивших период либерализации и расширение международных связей Сахалинской области. Однако практически завершившаяся интеграция корейцев Сахалина в российское общество делает корейский язык и культуру всего лишь экзотическим дополнением жизнедеятельности уже ставшей российской диаспоре корейцев Сахалина и Курильских островов.

Ил. 11. Школа в Одомари. 1946 г.

Ил. 12. Корейская школа. 1 мая 1951 г.

П Р И К А З № 360

ПО ОБЛАСТНОМУ УПРАВЛЕНИЮ ПО ГРАЖДАНСКИМ ДЕЛАМ
ЮЖНО-САХАЛИНСКОЙ ОБЛАСТИ

гор. Южно-Сахалинск   28 августа 1946 г.

СОДЕРЖАНИЕ: О дополнительном открытии корейских школ

_____

В связи с поступающими запросами местного корейского населения об открытии начальных школ с преподаванием на корейском
языке и учитывая контингент учащихся данной национальности

П Р И К А З Ы В А Ю:

1. Открыть с 1-го сентября с.г. дополнительно корейские
школы в следующих населенных пунктах:

а) Хигаси-Сакудай (Углегорский район) двухкомплектную
начальную школу с контингентом учащихся - 40 человек.
б) Окунай (Лесогорский район) однокомплектную начальную
школу с контингентом учащихся - 24 человек.
в) Таматикси (Поронайский район) двухкомплектную нач.
школу с контингентом учащихся - 50 человек.
г) Невельск двухкомплектную начальную школу в количестве учащихся 50 человек.
д) Минами-Найоси (Невельский район) однокомплектную начальную школу с количеством учащихся - 30 чел.
е) Ниси-Нейрен (Долинский район) двухкомплектную начальную школу с количеством учащихся - 47 чел.
ж) Охотоми (Долинский р-н) двухкомплектную начальную
школу с количеством учащихся-70 человек.
з) Рюкуэн (Лесогорский р-н) однокомплектную начальную
школу с количеством учащихся-23 чел.
и) Кавакамси (Ю-Сахалинский район) двухкомплектную начальную школу с количеством учащихся - 50 человек.

2. Начальнику ОБЛОНО тов: Павлову обеспечить открытие
вышеуказанных корейских школ 1- го сентября 1946 года.

3. Начальнику ОБЛФО тов. Дмитриеву дать указания началь-
никам РАЙФО о финансировании вновь открываемых школ зачет
них по разделу "Просвещение".

НАЧАЛЬНИК ОБЛАСТНОГО УПРАВЛЕНИЯ
ПО ГРАЖДАНСКИМ ДЕЛАМ

Ил. 13. Приказ Гражданского управления Южно-Сахалинской
области от 28 августа 1946 г. № 360 о дополнительном открытии
корейских школ

Ил. 14. Из приказа Гражданского управления Южного Сахалина об открытии корейского отделения Института усовершенствования учителей

Ил. 15. Итоговый отчет по Южно-Сахалинской области о работниках русских и нерусских школ за 1945-46 учебный год

Ил. 16. Корейская школа. 1947 г.

Ил. 17. Учебник по чтению для корейской школы

Ил. 18 . Учебник математике для корейской школы

Ил. 19. Учебник литературы корейской школы

Проект.

Р Е Ш Е Н И Е № 423 39 Разосл.

Исполнительного Комитета Сахалинского областного
Совета депутатов трудящихся

гор. Южно-Сахалинск   "20" мая 1952 г.

"Об открытии библиотек для обслуживания
корейского населения".

В целях развертывания культурно-просветительной работы
среди корейского населения исполнительный комитет Сахалинского
областного Совета депутатов трудящихся Р Е Ш И Л:

1. Обязать исполкомы Корсаковского /т.Моисеенко/, Холмского
/т.Зодик/, Углегорского /т.Пахехова/ городских, Невельского
/т.Корвигова/ районного Советов депутатов трудящихся открыть
библиотеки для обслуживания корейского населения в городах
Корсакове, Холмске, Углегорске, Невельске за счет плана развития
библиотечной сети текущего года, согласно распоряжению Совета
Министров РСФСР от 1 марта 1952 г. № 98-ро.

2. Исключить из сети культпросветучреждений Корсаковского
района одну сельскую библиотеку, передав бюджетные средства на ее
содержание в сумме 9,4 тыс.руб. городу Корсакову.

3. Обязать областной отдел культурно-просветительной
работы /т.Арсентьеву З.П./ скомплектовать книжные фонды указанных
библиотек на сумму по 3.000 рублей каждой за счет централизованных
средств на комплектование.

Председатель Исполкома
Сахалинского областного Совета
депутатов трудящихся   А.Емельянов.

И.О.Секретаря Исполкома
Сахалинского областного Совета
депутатов трудящихся   Яковлев.

Ил. 20 . Решение Сахалинского облисполкома от 20 мая 1952 г. №
423 об открытии библиотек для обслуживания корейского
населения

Ил. 21. Здание педагогического училища г. Поронайска. 1952 г.

Ил. 22. Корейская средняя школа № 9 г. Южно-Сахалинска. 1953 г.

Ил. 23. Выпуск вечерней корейской семилетней школы. 1954 г.

Ил. 24. Тен Тхе Сик и его ученики средней школы № 2 п. Заречье.
1960-е гг.

Ил. 25. Сцена из спектакля «Завтра будет нашим» корейского передвижного драматического театра. 1950-е гг.

Ил. 26. Сцена из спектакля "Завтра будет нашим" корейского передвижного драматического театра

1. На перемещение редакции газеты "Корейский рабочий" из города Хабаровска в г.Южно-Сахалинск и ее содержание до конца года выделить из областного бюджета 200 тыс.рублей за счет свер плановых прибылей по управлению полиграфии и издательств.

2. Обязать облконтору Госбанка /т.Тихомирова/ открыть расчетный счет в Южно-Сахалинском отделении Госбанка редакции газеты "Корейский рабочий".

Утвердить распорядителями кредитов по указанном счету с правом первой подписи редактора газеты т.Ким А.К. и Второй подписи бухгалтера Кошелеву Н.Г.

подписи бухгалтера Кошелеву Н.Г.

Ил. 27. Из решения Сахалинского облисполкома от 26 сентября 1950 г. № 18 о расходах по перемещению редакции газеты "Корейский рабочий" из г. Хабаровска в г. Южно-Сахалинск // ГИАСО. Ф. Р-53. Оп. 1. Д. 444. Л. 19.

Ил. 28. Коллектив газеты «По Ленинскому пути». 1967 г.

Ил. 29. Коллектив редакции газеты "По ленинскому пути". 1967 г.

Ил. 30. Газета "По ленинскому пути". 1990 г.

Ил. 31. Пак Хе Рён (род. 1938), председатель РООСКа в 1999–2011 гг., почетный гражданин Сахалинской области

Ил. 32. Решение Сахалинского облисполкома от 26 сентября 1990 г. № 400 о регистрации центра корейских предпринимателей // ГИАСО. Ф. Р-53. Оп. 1. Д. 3011. Л. 144.

Ил . 33. Решение Сахалинского облисполкома от 19 декабря 1989 г. № 318 об утверждении устава Корейского культурного центра // ГИАСО. Ф. Р-53. Оп. 1. Д. 2921. Л. 67.

Ил. 34. Видеоконференция с Южной Кореей. г. Южно-Сахалинск.
1990 г.

Ил. 35. Телемост Южно- Сахалинск - Сеул. 1990 г.

Ил. 36. Корейский культурный центр. Южно-Сахалинск. 2014 г.

Глава 2

Первое поколение сахалинских корейцев

Идентификация диаспоры вопрос сложный и спорный для изучения. Стоит сказать, что различные области гуманитарной науки изучают диаспоры, и каждая из областей имеет свое понятие о диаспоре. Это создает сложности при изучении той или иной диаспорной группы. В данном исследовании мы будем использовать базовое понятие о диаспоре – как этнической группы, проживающей в иноэтничном окружении, и возьмем как данность, что корейское население Сахалинской области представляет собой именно диаспору [24].

Исследование сахалинских корейцев целесообразно проводить по поколениям – социальные возрастные группы, хоть и не полностью отражают идентификацию корейской диаспоры, тем не менее логика исторического развития диаспоры диктует именно такое деление.

В первую очередь, необходимо определится с самим понятием «поколения» и его значения для корейской диаспоры. «Поколение» как как способ деления диаспоры используется в основном только для диаспор «новых», тех, которые недавно попали в иноэтничное окружение и еще имеют связи с родиной. Вот что пишет Ф.П. Федоров, описывая различные поколения русской диаспоры за рубежом: «Первое поколение эмиграции живет на чужбине, «на чужих берегах», и это изначальный и извечный ее комплекс, ее универсальная мифологема··· Второе поколение врастает в чужое пространство, хотя и не изживает родительское мирочувствование, родительскую «непреложность памяти и крови»··· Третье поколение, судя по всему, меняет координаты: чужое становится родным, родное – чужим, Франция или Сербия для него – уже не чужое пространство, а Россия – уже не родное» [97, с. 52].[1]

Таким образом, можно применить данную классификацию и для сахалинской корейской диаспоры. Первое поколение – это те, кто приехали на Сахалин и Курильские острова, второе – их дети, третье – их внуки, а

---

[1] Федоров (Даугавпилс) В.П. Дон-Аминадо: Эмиграция как «парадокс и мечта» // Культура русской диаспоры: Эмиграция и мифы: сборник статей / ред.-сост. А. Данилевский, С. Доценко. – Талинн: Издательство Таллинского университета, 2012. С. 50-83. С. 52.

четвертое – правнуки. Однако и здесь есть свои особенности. По существу, деление на поколения в корейской общине проходят не по факту переезда – а по факту их перехода под юрисдикцию Советского Союза – России в 1945 г. Однако туда также стоит прибавить и «северокорейских рабочих» – корейцев, которые приехали на Сахалин и Курильские острова по вербовке советскими властями в 1946-1949 гг.

Если быть точными, мы даже имеем определенную дату – 15 августа 1945 г. Корейцы, родившиеся до этого срока, считаются первым поколением. Разумеется, это деление не совсем верно – разброс возрастов в пределах первого поколения может составлять до 20-30 лет. Однако поскольку оно используется и в сахалинской корейской общине, и на международном уровне признается правительствами России, Южной Кореи, Японии (только первое поколение имеет право на репатриацию на родину), нам представляется целесообразным использовать в работе именно это деление.

Таким образом, изучение нынешних четырех поколений сахалинской диаспоры нужно вести различными методами в силу их разной исторической судьбы и особенностей, влияющих на идентификацию. Первое и второе поколение – корейцы с уникальной исторической судьбой, они пережили: первое поколение – вербовку или мобилизацию из Кореи японскими властями, сложную жизнь на Сахалине, разрыв с семьями (в том числе с женами, мужьями и детьми), тяжелую работу на шахтах острова, адаптацию с нуля в советском обществе (при полнейшем незнании языка, норм, правил и законов этого общества), часть из них не могли свободно выбрать себе супружескую пару, проживали на положении лиц без гражданства, подвергались дискриминации; второе поколение – были вынуждены проживать практически в двух разных общественных группах – корейской и русской, пробиваться через трудности интеграции, получать образование в сложных условиях, разрываться между русской и корейской идентичностью.

Первое поколение сахалинских корейцев (официально это люди, которые родились до 15 августа 1945 г.) – наиболее интересные респонденты, те, кто по прежнему сохраняет основные события сахалинской корейской диаспоры, определяет ее повестку дня. Именно их воспоминания, их отношение к основным событиям является доминирующим.

1. Ехали мы на Сахалин···

Истории жизни сахалинских корейцев первого поколения всегда начинаются со знакового события – переезда их на Карафуто. Что же вспоминают они о том времени?

«Вот взять, например, судьбу Хан Вон Су (1909 г. рождения). Он был завербован японцами в годы II мировой войны. В Южной Корее осталась его жена Чан Пу Нэ (1918 г. рождения). До 1988 года он жил в Корсакове, один, и все это время ждал момента, чтобы вернуться на родину. Каждый раз, когда друзья советовали ему, чтобы он женился, он говорил: «У меня в Корее есть жена». В г. Тэгу живет его сын, который настойчиво просил различные общественные организации Японии оказать ему содействие в возращении отца на родину. В решении этого вопроса приняли активное участие Пак Но Хак, депутаты японского парламента Кусакова Сиодзо, Игараси Коуздоу и др. В 1988 г. Хан вернулся к жене и сыну. Но скоро он умер» [13, с. 59].

«В июле 1987 г. в Токио состоялась встреча Вом Чер Ен (1912 г. рождения) с женой Со Чен Я (1923 г. рождения). 18 августа 1945 г. она с сыном Ден Ун (1944 г. рождения) выехала через Японию в Южную Корею⋯ Сын Ден Ун говорит: «Не мог без волнения во время встречи в Токио смотреть на отца, который с трудом передвигается с помощью трости. Хочу скорее забрать его в Южную Корею и дать возможность вылечить болезнь. Если отец умрет на Сахалине, то я никогда не смогу простить японскому правительству». В июне 1989 г. Вом Чер Ен выехал в Южную Корею⋯» [13, с. 60].

«Я приехал на Сахалин в 1943 г. По вербовке. Насильно, я не хотел. Там собрали всех и выбирают. И записывают, насильно. Мне было 19 лет. Приехал на корабле, потом поездом. Японцы еды давали еле-еле, чтоб не умерли. Работал в Тиннай (Красногорске), на шахте. Было так тяжело, воскресенья [выходного] не было. Денег не давали, только кормили. Зарплату перечисляли на карточку, но даже карточку не давали на руки. Не хочешь работать – такого не было, надо было обязательно работать. А в Корее, да, было хорошо. Если попытаешься убежать – совсем в другое место[2]

Ил. 37. Пак Су Нам, респондент. п. Углезаводск, 2008 г.

заберут, намного хуже. Корейцев на шахте было много, но на корейском запрещали разговаривать, корейские фамилии поменяли на японские. Когда вербовали, японцы говорили на 2 года, потом можно будет домой вернуться, но не выполнили. Тогда я хотел очень домой, все хотели. У меня там все – брат, сестра, мама, папа. Японцы нас бросили, у них посольство даже было в Советском Союзе, они могли

2) Возможно, респондент имеет в виду «такобею».

туда ходить и просить. А у Кореи посольства не было».[3]

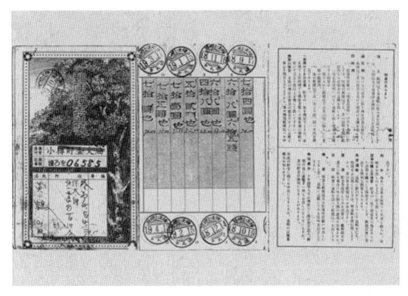

Ил. 38. Сберегательная книжка почтового банка г. Тоёхары. 1944 г. // ГИАСО. Ф. Р-1039. Оп. 1. Д. 104. Л. 29-29об.

Мой отец родился в северной Корее, он оттуда с родителями перебрался в Приморье, в Приморье он и вырос. Потом, когда ему лет двадцать было, он на Сахалин поехал на заработки. Вроде на севере тоже японцы были. Он тогда с севера на юг ушел и тут жил. А мама приехала из южной Кореи, они в 1926 г. поженились. Поэтому, когда русская армия в 1945 г. на Сахалин пришла, он работал переводчиком для русских – он русский язык знал[4]

---

3) НА СОКМ. Оп. 1. Д. 833. Интервью 2.

4) НА СОКМ. Оп. 1. Д. 833. Интервью 19.

«Отец … начал заниматься революционной деятельностью, ему во-первых надо было газету выпускать, а денег-то нету, он стал свою землю продавать, одну, потом вторую, в конце концов продал даже свой дом – только чтобы Корея была свободной. А потом после этого, где-нибудь в каком-нибудь городе движение начинается, его брали и сажали в тюрьму. Чтобы он уже не приходил… а потом, когда восстание уже утихомирили, его выпускали из тюрьмы. Вот таким образом, раз пять, и в общей сложности лет пять он, наверно, сидел в тюрьме. Эта тюрьма находится в Вонсане, в Северной Корее. Это не так далеко от Сокчо, километров 100, я сейчас точно не скажу.

После этого, когда дом продал, нам было негде жить, мы переехали в город – до этого мы жили за городом – а там тоже жить негде. А Сокчо, он спускается к морю, и там дорога, и между дорогой и морей сделали такую дамбу. И на самом краю этой дамбы отец построил дом. Ну это дом, конечно, не называется, сарай какой-то сделали. И наши комнаты висели прямо над обрывом, пять-шесть метров высотой. И вот так мы жили.

А потом люди, с которыми он занимался борьбой за свободную Корею, они собрали нам деньги и отцу построили дом. Двухкомнатный дом, но большой. Раньше корейцы не делали комнаты в доме, а делали – просто делили пополам, в одной стороне одни жили, в другой другие. А топили – печкой под полом. Вот так мы и жили. А потом, там все равно жить было невозможно. Во-первых за ним слежка шла, чтобы он ничем не занимался. А во-вторых, не работал. И там сделали вербовку, и он завербовался, и приехал в 40 г. сюда, на Сахалин. Мы приехали в Торо, знаешь?

Шахтерск. А жил в Хаматору, жил там до 42 г. А потом он накопил, заработал деньги и стал нам присылать, в Корею. И мы приехали всей семьей – мама и нас, пятеро детей, и с нами еще ехали дядя и двоюродная сестра. Я был почти самый старший – старше только сестра, ей было 13, мне было 11[5]

Некоторые приезжали по контрактам трудовым на два или три года. Мой отец так приехал… Но он хорошо работал, и директор шахты, он видел, что отец такой работник хороший, он его уговорил еще остаться на год. Отец говорил, что несколько человек так уговаривали, тех, кто хорошо работал. А там родители его ждали на родине – невеста даже уже была, а он все не возвращается, родители взяли и приехали за ним. А там уже 1945 г. – так и остались здесь жить[6]

Отца забрали в тысяча девятьсот – я перешел во второй класс – где-то тот год. В тридцать девятом году, его забрали, ну японцы забрали в Бошняково. На работу… ну как забрали. Я не знаю, он ходил несколько раз в центр… там приехали забирать, ну он сначала ходил… недели две наверное. Я не знал сначала ни о чем. Потом, когда он уехал – это хорошо помню – зимой. Это в январе или феврале – это точно не помню. Переход тридцать восьмой – тридцать девятый. Это я во второй класс перешел в апреле – а это было перед этим. Где-то в январе… или в январе или в декабре, потому что я с ним вместе ходил – школа рядом с районным центром была и мы туда ходили, я не знал, что он пойдет. Я не знал ничего. Потом оттудова письмо пришло – он сам не пишет, чужой человек пишет. И знал, что он на Карафуто

5) НА СОКМ. Оп. 1. Д. 833. Интервью 32.
6) НА СОКМ. Оп. 1. Д. 833. Интервью 4.

попал – Сахалин. В то время одинаково, что сейчас – адрес по-японски иероглифами пишет, адрес. Ну письма доставлялись почтальонами – тоже также. Ну они ездили – деревня далеко-далеко – они на велосипедах ездили у нас. И он доставил. И такое письмо пришло – и Карафуто написал. Поэтому я знал – и в японской школе все время карта висела, Япония красным цветом закрашена – территория – поэтому Карафуто где находится я знал. А свою территорию – в то время они Корею полностью красным красили и Сахалин половина тоже покрашена, Курильские острова в частности тоже. Поэтому где находится знал. И папа где работает тоже – там написано было. Потом один раз сто рублей прислал – сто йен. Тогда сто йен знаете какие деньги были – сейчас миллион и то не сравнить. Он поехал и где-то через полгода прислал. Второй раз сто пятьдесят йен. Два раза – в течении пяти лет, до сорок третьего года. После этого – ни копейки. Он знает, что я в школу хожу и трудно – ну он знал, какая жизнь. Если бы у него деньги были, хотя бы десять йен – двадцать йен бы послал. И этого нету. Мы – невозможно больше жить. А работать кто будет? Хорошо у меня старший брат был и дедушка, бабушка. Они в поле работали, поэтому мне тоже отдыхать некогда было, всегда работал. Поэтому мама – уже невозможно жить без отца, а сельское хозяйство – что-то надо продавать, куда-то идти – я не пойду, ну дедушка старый – шестьдесят лет. Ну поэтому трудно. И мама говорит: это не жизнь, лучше надо ехать к отцу. Что там творится – мы не знаем, он не пишет, пишет через третье лицо – он сам не может писать иероглифами, письмо придет – я читал по-корейски. И в сорок третьем году в августе была так называемая семейная вербовка – которых раньше завезенные – семья оставлена – их забирали. Ну вот мать где-то слышала такой слух – и говорит: со старшим братом поедем к отцу. Мы не можем дальше жить. Ну мама пошла в центр и людей встретила – эту делегацию, которую с шахты послали. И папу – позвонили или что, папа согласен – и давайте готовьтесь к сентябрю, поедем. И два месяца мы подготавливались – Сахалин далеко, и в самом деле на карту смотришь – далеко. Не один, два дня, несколько дней будет. Поэтому питание, одежду – все хорошо надо было. И так мы собирали семью – не только наша семья – пятьдесят человек было. Со всего района собрали. Большинство дети и женщины. Среди них четыре женщины – только замуж вышли, без детей. И остальные все – женщины с детьми. И собрали⋯ я вышел из дома 5 сентября и приехали в Пусан – там пароход ходил, большой пароход. Я впервые увидел пароход – ну потому что вообще никуда не выезжал. Поэтому пароход – я думал, это дом стоит. Знаете какой большой. Он назывался «Конго маро». Его затопили в сорок четвертом году, американцы затопили. Это я через газету на Сахалине узнал. В то время учителя меня провожали вместе с учениками – я хорошо, авторитет был – уже пятый класс. Хорошо провожали меня и учителя говорили: осторожно, уже подводная лодка в японском море ходит, так что может что-то случится. Вот такие разговоры. Ну я ничего не боялся, просто такие разговоры. В душе, когда сел на пароход, думал, действительно что-то случится. Вот так боялся⋯ И приехали в Пусан, пятьдесят семей собрали – в Исуни – город – потом приехали в Пусан. Сначала автобусом приехали до – вот этого Исун, а до

Исун только-только железную дорогу открыли и сели в поезд. Поезд тоже конечно, я в первый раз – уже тринадцать лет, в первый раз в жизни видел. Сели, в Пусан приехали, потом в гостиницу. Потом на следующий день пошли. Там два проводника было, один – японец Такеути, второй кореец Цыкиширу. И вот этот кореец переводчиком был, а этот японец, оказывается в отделе труда работал, я потом узнал, когда приехал. Японец очень красивый был, мужчина добрый был. Приехали, и все там ночевали, а на следующий день пошли на пристань. Сколько там военных, погоны, оказывается в то время из Маньчжурии все японские войска на юг угоняли, поэтому нету места ехать. Я японским языком владею, и брат немного говорил, и сестра вообще не знает, мама не знает. И они выбрали такие семьи – наша семья – хотя бы несколько, чтобы меньше было, и вперед – Симоносеки едем – мы на следующий день приедем. И нас отдельно послали, а на следущий день мы ждали – они по телефону переговаривались с гостиницей – они нас встретили, мы приехали. И переехали в Японию, нас встречали – хозяин – и там мы три дня жили, и оттуда в Симоносеки, и оттуда в Осака, от Осака – теперь Фукуй – через Токио нельзя было ехать. Фукуй, потом Никадэ, потом Омори приехали. И вот на Омори сели на пароход. Приехали оттуда. Пароход назывался «Мамия мару» и сели оттуда – перебрались до – Хакодатэ мы не заехали, прямо в Отару заехали. Там загрузили что-то – там впервые в жизни я увидел сахар, поэтому что они сахар возили, сахар разгружали. И это в мешках – ходили, они дают нам – впервые я увидел сахар. И в Отару опять там два-три дня разгрузили, загрузили и через Отару поехали на Сахалин. Когда – между Отару и Сахалин – очень море шумел, поэтому люди все как мертвые лежали – потому что люди все в деревне жили, никогда не ездили на таких..., и шторм такой. И притом из-за подводной лодки – свет тушили, и в темноте – так не знаю сколько суток ехали. И потом уже говорит – утром встали, немного стихло, говорит: приехали. И вышли, посмотрели: действительно, далеко видно сопки. Оказывается это Невельск в данное время. И в Невельске высадились – погода хорошая была, здесь тоже отдыхали два дня – разгрузка, загрузка. И тут – я тогда уже в пятом классе играл в бейсбол. Ну в мяч играли, бросали. И эти военные моряки – они тренируются, у них специальные перчатки – и я тоже с ними бросал, и поймал – я хорошо поймал. И потом я приехал в этом – головной убор, пилотка японская. Неудобно, как школьная, и брат говорит: пойдем – он тоже так же – неудобно так поехать. Деньги у него наверное были, я не знаю деньги сколько они взяли, потому что дом продали. Шестьдесят йен продали – вот так (рисует) два дома было, все хозяйство... шестьдесят йен продали. Так дешево – такое время было. И двоем: давай пойдем. Пошли, потому что мы языком владели, идите гуляйте. В магазин захожу, там висит фуражка. «Дайте карточку», -- «Какие карточки?» - мы совсем не знаем, какие карточки. «У нас, - говорит, - по карточкам». Мы объясняем: «Мы с парохода, с Кореи приехали». И вот так неудобно, и в сентябре здесь уже немного прохладно, а в Корее еще жарко, жарко. Неудобно, мы просили: «Дайте нам», - «Не могу», - говорит. Это уже в то время в сорок третьем году, в сентябре, полностью карточная система, не только питание, все. И мы не могли купить, и махнули рукой, а что, если не дают. Драться, чтоли? И просто посмотрели вещи какие-то в магазине, хорошие или нет, не знаю, сейчас я уже не помню, только мы за этой фуражкой ходили. И ушли. А еще хотели ботинки. Я приехал, холодно, в летних туфлях. Сейчас как сандалии называется. В Корее летом, знаете, ходят в сандалиях и «кета», японская «кета». «Кета» знаете? Деревянные колодки (смеется). Оттуда мы значит сели опять – ну никуда мы не выселялись, в гостиницу не ходили в Невельске, на пароходе сидели. Потом следующий рейс этот пароход идет до Углегорска, этот пароход «Мамия мари». В Углегорск приехали 24 по-моему сентября, там 25 вышли – прибыли. Там выселились – ночь в Углегорске ночевали в гостинице. Они уже подготовлены к коллективным выездам, поэтому они заранее наверное, заказывают. Я не знаю – все там жили, человек пятьдесят. Вот ночевали, и потом оттуда в следующий раз – не сухопутным путем – а опять через море, на катере. Мы сели на шхуну – катер, и до Бошняково. Это где-то восемь часов требуется, Бошняково находится от границы где-то 60 километров южнее. И в Бошняково приехали, это уже в пятом часу, в конце сентября на Сахалине в пять-шесть часов начинает темнеть, мы подъехали. Катер сам стоит и лодка сама подходит ручная – на берегу людей много, встречают семью, детей шахтеры. Потом те, у которых семья раньше приехала, встречать приехали. И тут мы вышли, сразу в клуб – там подготовлено, тут действительно вкусно было – рис, самое главное рисовая каша, сколько угодно в тот день можно взять, и второе что понравилось – свет. В Корее такого не было – лампы и то не было, а просто делали… А тут свет везде горит, хорошо. И еще угощали – местные корейцы, те которые раньше приехали, картошка сваренная. Вкусно было так, картошка тоже. В Корее тоже сажают картошку, они только для приправы немного сажают, очень горький – солнце пекёт, они немного сажают для приправы только. Я спрашивал – это сладкая картошка, нет, нет, это простая картошка. Это я потом уже – квартира всем распределение было. Банкет закончился – каждая семья идет по квартирам. И папа где-то наверное получил новую квартиру. Ну мы пошли. Свет, электричество и туалет в доме. Вот… потом вода – в доме в самом не было, но там метров пять-шесть специальная колонка есть – пять-шесть домов обеспечивает. Дома только большая бочка деревянная, туда набираешь вечером – до утра хватает. А самое главное – электричество мне очень понравилось. И сама квартира такая была – двухэтажный дом был, длинный – шесть-пять семей – барак называется. Ну они деревянные бараки, и фанерой зашито. Холодно зимой – а без печки невозможно жить, когда шуруешь печку – чугунную печку – он хорошо греет, и тепло. Потом тухнет, сразу через час-полтора в комнате холодно. Но зато хорошо было – мыло было, в Корее мы мыло не видели. Ну было, но в деревне не было. И баня была тоже – в самом поселке две бани было, работали. Где шахтеры, где население – баня тоже хорошая была. Вот такое понравилось[7]

---

7) НА СОКМ. Оп. 1. Д. 833. Интервью 9.

2. Жизнь на Карафуто

Ил. 39. Главная штольня шахты Найбути (п. Быков) // ГИАСО.
Фотофонд. Оп. 1. Ед.хр. 568

Нам Ин Себ, рабочий 6-го лесозавода Южно-
Сахалинска, рассказывает о тех событиях: «Да, я
работал на шахте «Найбути». Нас было около тысячи.
Поселили в холодные бараки. Представляете: по 20
человек в тесной грязной клетушке! На двоих выдали
одно тонкое одеяло. За смену должны были пройти 6
метров проходки. Много это или мало? Как считать.
На день нам давали деревянную миску жидкой соевой
каши – откуда возьмутся силы? Тех, кто протестовал,
страшно избивали. Чуть ли не каждый месяц в забое

случались аварии, гибли люди, но их даже не пытались закапывать. Если все вспоминать, то можно написать целый роман-трагедию» [13, с. 25].

Воспоминания Пак Но Хака, человека, который далек от симпатии к СССР. Вот что он рассказывает: «Я примерно месяц работал на шахте «Найбути». Страшно было находиться в подземной яме, где вот-вот может обвалится потолок. Трудились мы в две смены по 12 часов. Поскольку работа на шахте связана с тяжелым физическим трудом, то очень хотелось есть. Хотя спускались мы в шахту после завтрака, все же чувство голода не покидало нас. Поэтому часто вы заранее съедали обед, который приносили с собой, не думая о том, что будет потом. Какая же была еда? Каша рисовая, где 1/3 часть риса, а остальное – соя, вяленая селедка и соленый лопух. Вот и все» [13, с. 25].

Мой отец мне рассказывал, как они работали при японцах. Вот идет вагонетка с лесом, толпа корейцев – человек сто рабочих – они хватают по два-три бревна и надо бежать метров восемьсот до шахты. Потом обратно – и так сколько наберешь. Потом работали – сколько этих подпорок в шахте хватало, они их ставили и уголь рубили. Сколько у тебя подпорок, столько ты и продвинешься, столько угля нарубишь – столько денег и давали. Были настоящие гонки, как они бежали с этими бревнами, кто больше нахватает. Некоторые рисковали, ставили не через два метра, а через четыре, через пять – а потом обвал, увечья получали, умирали, такое тоже бывало. Но японцы запрещали так делать⋯ Денег давали – половину на руки, половину на карточку шли. Отца сначала по вербовке забрали, насильно, он на Сахалине поработал, а через два года домой вернулся.

Но деньги он потратил все, а он жениться хотел, надо на свадьбу было, поэтому он опять на Сахалин поехал, уже сам, денег заработать, а там война и вернуться не смог[8]

Известный краевед К.Е. Гапоненко пишет:

Нередко раньше я обращался к корейцам-старожилам с расспросами об этом решительном периоде, о жизни при японцах. О прошлом они отзывались односложно: худо! Плохо было! Попытки узнать подробности воспринимались стариками как-то не всерьез, вроде стеснялись: разве это важно? [20]

На Сахалине до сих пор проживают дети тех, кто подвергся «повторной мобилизации». Информанты про эти трагические события вспоминают следующее:

«А отца моего забрали, когда мама мной была беременна⋯ значит в 1944 г. Отца я так и не увидела за всю жизнь. Закрыли шахту, на которой он работал, и забрали. А после войны делать нечего, к нам он вернуться не смог, и он тогда уехал в Корею. Когда уже мама в 1991 г. поехала, она семью отца нашла, сказали, что он жил в Корее до 80-х гг.».

На Сахалине до сих пор проживают дети тех, кто подвергся «повторной мобилизации». Информанты про эти трагические события вспоминают следующее:

---

8) НА СОКМ. Оп. 1. Д. 833. Интервью 7.

«А отца моего забрали, когда мама мной была беременна⋯ значит в 1944 г. Отца я так и не увидела за всю жизнь. Закрыли шахту, на которой он работал, и забрали. А после войны делать нечего, к нам он вернуться не смог, и он тогда уехал в Корею. Когда уже мама в 1991 г. поехала, она семью отца нашла, сказали, что он жил в Корее до 80-х гг.».

Ил. 40. Тен Тхе Сик (род. 1930), респондент, учитель (1950-1964), общественный деятель

Отношения с японцами нормальные. Но правда унижения – но это везде одинаково. Малочисленный народ – в любом обществе не чувствует себя достойным. Но сейчас мы, конечно, чувствуем себя достойно, но все равно, что-такое бывает. Это уже никак... Но при японцах – что они хотели? Японцы нас очень унижали – в каком отношении. Несмотря на то, что Корея – Япония одна страна и прочее, прочее... это все конечно просто так, сверху. Есть среди людей – это и сейчас есть и раньше было и будет – нам говорили, в школе даже. Мы корейцы питались – чеснок, перец, смешивали, японцы это не любили. Кимчи не любили – в то время, не знаю сейчас любят вроде бы (смеется) – и корейцы – тогда вот такая коробка была для обеда, это сейчас в школе кормят и прочее. У каждого алюминевый или деревяный ящик для обеда – высота примерно сантиметров шесть – вот такая коробка. Туда кашу ложат, здесь еще ящик такой сверху ложат – туда закуску ложат. И таскали из дома. И обед где-то в час – одна смена была, школа большая была – одна смена. И учителя вместе приходят – и вместе перед едой говорит: ну, спасибо что... Ну клятва или еще что... И вместе кушали. Вот корейцы-дети дома – в другой раз мама кимчи дает, ну пахнет – весь класс пахнет, особенно весной. Они не любили. Поэтому они говорили: корейцы плохие. Вот это не хорошо. Но когда в школе хорошо учишься··· авторитетом я пользовался, некоторые сразу говорили: ты что делаешь? И обзывают конечно корейцев – вот это мне не нравится. Ну при советской власти нас тоже обзывали··· Просто если корейцем называли – я не против, но если в унизительном смысле, это очень обидно. И сейчас обидно.

3. Трагические события августа 1945 года

Одним из самых трагических событий в истории сахалинской корейской диаспоры являются события августа 1945 г., когда в некоторых сахалинских деревнях, в условиях хаоса, страха перед наступающей Красной Армией и психологического стресса от проигранной войны, несколько националистически настроенных японцев зверски убили корейцев, проживающих рядом с ними.

К сожалению, до сегодняшнего времени информация об этих событиях не введена в научный оборот. Полноценного научного исследования проведено не было и причиной тому – особые обстоятельства, складывающиеся вокруг данной истории.

Рассказы корейских старожилов о трагических событиях августа 1945 г. всплывали периодически, и в тот период, когда говорить об этом боялись, и уже после демократических реформ в России. Однако данные рассказы носили настолько разрозненный характер, не совпадали по описываемым событиям, датам, местам, что больше напоминали страшные сказки для детей, рассказываемые взрослыми. Слухи циркулировали среди корейской диаспоры, однако без достоверно подтвержденных документов, они оставались только слухами.

Ситуация изменилась в 1992 г. с приездом на Сахалин Ким Кен Сук [9], этнической кореянки, проживающей в Японии. В первых числах августа 1945 г. она вместе с матерью, как и другие женщины и дети, была эвакуирована с территории Карафуто на Хоккайдо японской администрацией. Однако ее отец Ким Кен Пек (53 года) и брат Ким Вон Дэ (18 лет) остались на прежнем месте проживания – в деревне Камисисука (Леонидово) близ современного г. Поронайска. На протяжении полувека ни она, ни ее семья не имели вестей от оставленных на Карафуто родственников.

Ким Кен Сук обращалась в разные инстанции с просьбой выяснить судьбу отца и брата. Статьи с ее историей выходили в газете «Сэ корё синмун», в розыске принимали активное участие корреспонденты газеты (в частности, Бя Надежда Андреевна) и общественные деятели корейской диаспоры. Ким Кен Сук познакомилась с К. Е. Гапоненко, известным сахалинским писателем, и В. Гринем [10], бывшим в тот период сотрудником Следственного отдела Управления КГБ СССР – УМБ РФ по Сахалинской области. Она настоятельно просила помочь ей в поиске любой

[9] В. Гринь в своей книге называет ее госпожой К., гражданкой Республики Корея [22, с. 61].

[10] Владимир Николаевич Гринь дослужился в ведомстве до звания полковника.

информации о погибших родственниках – от старожилов корейцев, она видимо уже получила информацию о печальной судьбе отца и брата.

Владимир Николаевич Гринь через некоторое время нашел документы уголовного дела, из материалов которого стало ясно, что родственники Ким Кен Сук в числе других 18 корейцев погибли от рук жандармов полицейского управления Камисисука (ныне – Леонидово) 17 августа 1945 г. На материалах уголовного дела В. Гринь в 2008 г. опубликовал повесть «Разлука длиною в жизнь···», в котором описывал эти печальные события. Книга вышла сразу на двух языках – русском и корейском, а в 2010 г. была переиздана уже на трех – к двум первым добавился и японский.

Также Константину Ерофеевичу Гапоненко были предоставлены документы другого уголовного дела – аналогичного массового убийства от рук японских милитаристов (на этот раз гражданских) 27 корейцев, проживавших в деревне Мидзухо (Пожарское). Гапоненко написал и опубликовал в 1992 г. книгу «Трагедия деревни Мидзухо» [21], которая была переиздана в 2012 г. и тогда же переведена на корейский язык. В разговоре с ним в августе 2016 г., автор спросил о судьбе документов, по которым Гапоненко писал свою повесть – и писатель ответил, что копии документов ему предоставили на время из архива

ФСБ России, а потом он вернул их на прежнее место хранения. К большому сожалению, Константин Ерофеевич ушел из жизни 23 января 2019 г.

При всей несомненной заслуге этих двух книг – «Трагедия деревни Мидзухо» и «Разлука длиною в жизнь», которые на всеобщее внимание вынесли трагические события тех тяжелых дней августа 1945 года, – обе они являются художественными произведениями. Авторы изменили имена участников событий, привнесли много художественно-литературных особенностей, а В. Гринь также ввел вымышленных персонажей. Мы знаем, что данные события действительно имели место, но не можем приступить к их научному изучению.

К сожалению, данные документы до сих пор засекречены и недоступны исследователям.[11] Возможно в будущем данное положение будет исправлено, однако пока мы вынуждены довольствоваться лишь немногими исследованиями сахалинских краеведов. Обзор их работ представлен ниже.

Исследования, посвященные событиям августа 1945 г. сделал В. Горобец, опубликовав свою статью в журнале «Вестник Сахалинского музея»

---

11) Документы о Мидзухо были рассекречены в 2021 г. и копии были переданы в Научный архив Сахалинского областного краеведческого музея. Их исследование продолжается.

В своей книге «Корейцы на Сахалине» Бок Зи Коу пишет :

«Во время наступления Красной Армии в августе 1945 года японские националисты на Сахалине распространили слух, что корейцы виноваты в поражении Японии в войне, и тайно готовили их массовое убийство. Лишь молниеносное наступление Красной Армии в значительной мере помогло избежать страшной трагедии. Но все же в Поронайске, Смирных, Холмске, Углегорске и в других местах японцы успели произвести частичное уничтожение корейского населения» [14, с. 43].

Одним из таких «других мест» является поселок Леонидово (Камисисука), где в августе 1945 года были расстреляны и сожжены в здании японской жандармерии двадцать корейцев. Об этом мне рассказал поронайский краевед Николай Вишневский в мае 1992 года. Он же пригласил меня принять участие в поиске останков этих несчастных. В начале июня 1992 года мы выехали с ним в поселок Леонидово.

Пользуясь методом биолокационной разведки (лозоходство), нам удалось обнаружить место казни, а также японское гражданское бомбоубежище, где, по словам старожилов, были похоронены останки корейцев. Местные жители помогли найти экскаватор, т. к. объем земляных работ был нам не под силу. Когда удалось вскрыть убежище, нас ждало разочарование: никаких останков там не было. Нашли только самурайскую саблю причудливой формы да ржавый напильник. На этом поиск прекратился, хотя рамка прибора указывала нам направление куда-то далеко на север, за поселок. Я не поверил ей. И... напрасно.

Спустя два года в разговоре с другом Пак Сын Уном из поселка Быков я поделился своими впечатлениями о поездке в Поронайск и об этой «легенде».

– Это не легенда, – сказал мой друг. – Такая трагедия действительно имела место.

Передаю его рассказ, записанный мною 21 мая 1994 года, без изменений.

– Мне в ту пору было 13 лет. Жили в Сётой (ныне Матросово). Отец работал начальником участка строительной фирмы «Тен Току Куми». После военных событий на 50-й параллели как-то поздно вечером к нам домой пришел кореец Хирояма из Леонидово. Он рассказал, что несколько дней тому назад ему приказали явиться в японскую жандармерию.

«Когда я туда пришел, – продолжал он, – мне сказали, что я русский шпион (я строил дорогу стратегического назначения и аэродром в Леонидово). Нас собралось человек около двадцати. Вызывали по одному в кабинет и расстреливали. Слышны были крики: «Только не убивайте!.. Я за Японию, за Микадо! Мама!.. Папа!..» Но их все равно расстреливали. Меня вызвали и – тоже выстрелили... Я потерял сознание. Когда очнулся, пахло дымом и кровью. Через окно уборной я выбрался наружу и убежал. По пути увидел двух японцев с винтовками. Спрятался в бомбоубежище. Несколько дней скрывался. Кое-как перекусил, сделал перевязку. Пуля прошла рикошетом по груди в сторону левого плеча».

– Он переночевал у нас, – рассказывал далее мой друг, – а затем ушел на юг, т.к. у нас сеьмя была большая··· голод··· немного рыбы и картошки. Японцы сожгли все склады с продовольствием и магазины.

Где-то в сентябре к нам пришли два русских (один переводчик) и сказали: «Приезжайте в Леонидово, получите рис». Мы поехали, решили посмотреть и место казни после того, как получили рис. Отец и его брат стали копать на пожарище. Нашил много обгоревших костей. Сгребли их в кучу и захоронили. Плакали··· После этого вернулись в Матросово···

Я упросил Василия съездить на место тех давних событий. Друзья помогли нам осуществить эту поездку.

– Памятник погибшим поставили не там, – заметил Пак Сын Ун, – жандармерия была вот здесь.

Мы с Николаем Вишневским правильно определили ее место.

Но найти место захоронения нам не удалось и в этот раз. И вот не так давно археолог и краевед Владимир Федорчук рассказал, что в 1948 году во время расчистки территории останки увезли и захоронили на старом корейском кладбище.

Значит, правильно показывала направление мне рамка в первый мой приезд, а я не поверил ей и себе···

Когда японцы проиграли войну, они приняли решение уничтожить корейцев. Сначала топили, потом расстреливали. Всех не смогли расстрелять – потому что русские неожиданно и быстро наступили. И еще когда русские пришли у них приказ был расстреливать японцев. А японцы быстро поняли – и стали на корейцев показывать, что мол это японцы. И русские расстреливали корейцев тоже. А потом там один материковский кореец был в чине майора – он заподозрил неладное – и доложил начальству. И тогда только отменили приказ о расстреле. Слухи··· Везде же слухи, ну это – передаются же устно. Перед тем как сюда русские пришли··· перед наступлением, перед военными действиями. И японцы обвинили корейцев – из-за корейцев мы проигрываем войну. Понимаешь? Шпионы, мол, корейцы··· и вот всех корейцев хотели уничтожить. Чтобы не оставлять, они раз привезли, должны были обратно увезти. Чтобы этого не было, они решили уничтожить корейцев. Китайцы немножко были··· Сначала китайцев всех утопили. А здесь··· где-то там в южных районах много расстреляли··· Просто в общую могилу закапывали. Много расстреляли, начали баржами топить. Только начали и русские поперли··· Самый спокойный район был – вот в этом районе, Долинский район, самый спокойный··· они до сюда еще не добрались, японцы. И русские успели··· и поэтому считается самый спокойный район. А в остальных местах, особенно портовых, там вообще что творилось. [12]

Ил. 41. Памятник погибшим корейцам в п. Леонидово (Камисисука). 2018 г.

---

[12] НА СОКМ. Оп. 1. Д. 833. Интервью 4.

Ил. 42. Советские офицеры допрашивают начальника Сикукского окружного полицейского управления, по приказу которого в пос. Китои[13] были заживо сожжены несколько корейских семей, отказавшихся эвакуироваться. 1945 г. // ГИАСО. Фотофонд. Оп. 1. Ед.хр. 10.

Один из сахалинских старожилов вспоминает об событиях августа 1945 года :

В сорок пятом году еще такого разговора не было, в сорок пятом году не было. Это где-то в сорок восьмом

---

13) Возможно, имеется в виду пос. Нитои (Новое) Поронайского района. Описание данных событий у нас отсутствует, известно только то, что данную фотографию сделал военный корреспондент Красной Армии и он же составил данную подпись. Дальнейшее развитие событий или хотя бы детали нам неизвестны. Тем не менее, эта фотография вкупе с другими косвенными событиями доказывает, что слухи об убийстве корейцев японцами широко распространялись на Сахалине в тот период.

- пятидесятом году такие слухи ходили. В Углегорске было. Да... двух корейцев-братьев убили японцы, это потому что они сказали: уходите. Они вроде оставались - и японцы такие хищники были, поэтому... русские приехали, шпионить за ними - по этому поводу убивали. Они здесь были - сейчас уехали. Ну их дети здесь остались. Это такой разговор где-то в сорок восьмом-сорок девятом годах - просто слушал, а так нигде... ни газеты, ничего. У нас газеты не было. Просто слухи ходили. Это вы должны тоже знать, что я хочу сказать... что-то было! Это не личная обида. Мы тоже сначала вместе выходили на эвакуацию - вместе с японцами, не различали. Где-то через - где-то пятнадцатого-шестнадцатого - нас отделили. Корейцев отдельно - отдельно около шахты - нас, конечно, а сами в новопостроенной. Вот это... потом уже старики рассказывали - хотели корейцев убить... такое тоже было. Поэтому вот это хорошо надо исследовать. Понимаете, очень важно и интересно. И притом, смотри, в Южно-Сахалинске, Пожарское, потом еще где-то - Леонидово. Это все книга выходит, потом меня тоже спрашивают часто - узнать, я слушал, читал в газетах - сейчас пишут... Ну там видите: Леонидово - Ким Гён Сун, бабушка еще жива. Она в суд подала... Ну тут - почему она - кореянка - могла восемнадцатого числа уезжать в Японию? Она эвакуировалась, она вместе с японцами уехала. Отец, его брат - здесь оставались. Она практически точно не знает, это просто догадки. Это одно. Второе: Мидзухо, тоже убили... сейчас - ну хорошо Камисисука - она, родная дочка, ищет. А вот в Мидзухо людей не ищут... почему? Эти люди - кто они такие были? Вот это действительно надо расследовать. Поэтому японцы меня тоже спрашивали: как вы думаете? Я сказал: если бы там постоянные жители были бы – в Мидзухо – не только ихняя семья там была, другие тоже там жили, это притом сельскохозяйственная местность. Я думаю: или просто выдумка, или что-то такое – исследовать нужно[14]

4. Взаимоотношения между разными субэтническими группами внутри диаспоры

Большой проблемой в советский период была конфронтация между различными субэтническими группами в составе корейской диаспоры. Данный вопрос не часто поднимался в историографии, однако существует некоторое количество работ, в которых в той или иной степени затрагивается тема отдельных групп в сахалинской корейской диаспоре, и вопросы отношений между ними. Поскольку это один из важнейших вопросов, остановимся на нем подробнее.

Пак Хен Чжу (автор «Репортажа с Сахалина» – книги-сборника воспоминаний о событиях тех лет) упоминает о внутренних противоречиях в корейской общине и делит

---

14) НА СОКМ. Оп. 1. Д. 833. Интервью 9.

корейское население Сахалинской области на три группы. Эти группы именуются, соответственно, «сондюмин», «кхынтанбэги» и «пхагеномдя»[15], – и критериями выделения служат, во-первых, обстоятельства, при которых представители данной группы (или их предки) прибыли на Сахалин, а во-вторых, особенности диалекта и фенотип. Пак Хен Чжу также отмечает довольно напряженные отношения, которые существовали между «сондюмин» и «кхынтанбэги» [92, с. 37–41].

Один из ученых, первым в российской историографии заинтересовавшийся историей сахалинской диаспоры, – Бок Зи Коу, автор книги «Корейцы на Сахалине» в целом принимает деление Пак Хен Чжу:

> «Пак Хен Дю сравнивает корейцев с сортностью муки: I сорт – «бантекпари» или «сондюмин» (имеет смуглое и энергичное лицо), II сорт – «олмаудя» (имеет цвет лица, близкий к коричневому, возможно под влиянием материка, 90 человек из 100 ростом высокие, по лицу они похожи на монгол), III сорт – «пагенномудя». Различаются по языку, по разговорному. При беседах легко можно обнаружить особенности разговорной речи той или иной группы

15) Сондюмин (правильно – сончумин) – люди, приехавшие первыми, «местные жители»; кхынтанбэги (кхынттанбэки) – пришедшие с большой земли, «материковские корейцы»; пхагеномдя (пхагённомуча) – присланные чернорабочие, «северокорейцы» – здесь и далее: искаженное диалектное произношение, которое активно использовалось на Сахалине в корейской бытовой языковой среде.

сахалинских корейцев. Также Бок Зи Коу отмечает: «Безусловно, формирование корейского населения Сахалина происходило в непростых исторических условиях. Понятно также, что люди прибывшие с различных мест, даже стран с различными политическими системами, имеют неодинаковые убеждения и найти какие-то признаки различий – дело несложное. Но все же при анализе проблем сахалинских корейцев нет необходимости акцентировать эти особенности, так как в своей основе корейцы – единая нация с единым языком и общей культурой [13, с. 33–34].

В то же время Бок Зи Коу говорит о том, что не следует излишне акцентировать особенности разных групп сахалинской корейской общины, так как в своей основе корейцы – единая нация [14, с. 111]. Исследователь А.Т. Кузин в своих работах также отмечает напряженные отношения между различными группами корейцев, связывая это с разными статусами этих групп [61, с. 75].

Отношение к рабочим из Северной Кореи со стороны уже проживавших в Сахалинской области корейцев было довольно напряженным. Многие корейцы говорят об этом, как основываясь на своем личном опыте взаимоотношений с «северокорейцами», так и опираясь на воспоминания родителей. Часто звучат примерно такие слова :

«Вы знаете, не очень любили северокорейцев тогда. Они ведь приезжали на время, пока у них трудовой договор не истечет. Вели себя как временщики⋯ Работали не очень хорошо, не берегли общественную собственность. Было видно, что приехали на время, оставаться не будут, ну и отношение к ним было соответствующее».[16]

«Мы вообще их не любили. И отец наш тоже не любил, называл их пальгени[17] – красные типа, очень не любил их. Запрещали с ними дело иметь⋯».[18]

«Да, отношения были очень плохие, если собираться вместе – так обязательно драка. Сильно друг друга не любили. Я думаю, это от разделения Севера и Юга. Отец говорил, что еще даже до войны разница была между ними. Север – промышленный район, юг – в основном сельское хозяйство, диалекты разные, да и вообще⋯особенно когда война случилась».[19]

«Не очень были отношения хорошие. Льготы у них были как у переселенцев, 10 процентов к зарплате каждый год, отпускные и т.д. А мы же не переселенцы – нам ничего не было, мы работали одинаково, а они больше получают – это нам очень обидно было. К тому же война – много мы не слышали, но все равно слухи доходили, что Южная Корея и Северная – что война там. А мы же с южной части, вот с этими – с севера – все время и спорили, часто и до драки доходило».[20]

---

16) НА СОКМ. Оп. 1. Д. 833. Интервью 26.

17) Пальгени (ппальгэни) – красный, презрительный термин выходцев из коммунистического КНДР.

18) НА СОКМ. Оп. 1. Д. 833. Интервью 7.

19) НА СОКМ. Оп. 1. Д. 833. Интервью 4.

20) НА СОКМ. Оп. 1. Д. 833. Интервью 9.

Но, тем не менее, хотя многие информанты соглашались с тем, что отношения между «северокорейцами» и «местными жителями» были напряженными, некоторые считали, что трения, хотя и присутствовали, носили достаточно умеренный характер.

«Их не очень много было… Они приезжали на какой-то срок – потом надо же обратно ехать. Что-нибудь здесь натворят, в тюрьму садятся специально. Не хотели уезжать. Говорят, плохо в КНДР было очень жить. И разделение между нами и ими, конечно, было, не так, чтобы очень, но было что-то такое».[21]

Негативное влияние на отношение к «северокорейцам» с конца 1950-х гг. стала оказывать и политика северокорейского правительства по отношению к корейцам Сахалина. В 1950-х гг. свою деятельность на Сахалине начинает Генеральное Консульство КНДР в г. Находка Приморского края. Агитация и активная деятельность работников Консульства на начальном этапе имели большое влияние на сахалинскую корейскую общину. Многие из «местных» корейцев принимали гражданство КНДР, а некоторое количество корейской молодежи уехало в Северную Корею на постоянное место жительства.

Однако вслед за коротким периодом иллюзий наступило

---

21) НА СОКМ. Оп. 1. Д. 833. Интервью 18.

разочарование в северокорейских реалиях и политике КНДР. Например, северокорейские дипломаты требовали от сахалинских корейцев, которые работали на советских предприятиях, сообщать «родине» о последних производственных новинках и новых технологиях, фактически вовлекая их в промышленный шпионаж.

Во многом такие попытки были вызваны тем успехом, которого северокорейским властям в середине 1950-х гг. удалось добиться, создав в Японии Чхонрён – ассоциацию этнических корейцев Японии. На протяжении нескольких десятилетий эта ассоциация доминировала в корейской общине Японии, и фактически создала там «государство в государстве», со своими школами, кредитными центрами, культурными и спортивными группами [8, с. 55]. Кроме того, по линии Чхонрёна около 95 тысяч этнических корейцев Японии выехали в КНДР (а в перспективе официальной целью Чхонрёна считалась репатриация в КНДР всех этнических корейцев Японии). Учитывая немалое сходство истории корейских общин Сахалина и Японских островов, не удивительно, что успех, достигнутый в Японии, северокорейские власти попытались повторить и на Сахалине. Впрочем, попытки создать эффективную и независимую от властей организацию окончились неудачей. Руководство СССР относилось к таким попыткам негативно и, как можно предположить, силовые структуры страны решали свои профессиональные задачи быстро и гораздо более эффективно, чем соответствующие органы Японии. Пострадавшей стороной в этом случае оказывались не защищенные иммунитетом дипломаты, а те, кого последние старались завербовать.

Большие опасения в сахалинской корейской общине вызвал предложенный северокорейской стороной проект создания особого «корейского лагеря», куда планировали изолированно поместить всех корейцев Сахалина. Такой проект был нужен северокорейскому правительству для того, чтобы ускорить репатриацию всех сахалинских корейцев в КНДР – именно такая репатриация была в те времена конечной целью Пхеньяна [59, с. 155]. Этот проект не нашел одобрения у советских властей, а у сахалинских корейцев он не мог не вызвать ничего кроме дополнительных опасений и страхов, поскольку сильно напоминал фашистские концлагеря недавней мировой войны.

К этому можно добавить, что вести, приходившие по разным каналам от тех, кто уехал с Сахалина на постоянное место жительство в КНДР, подтверждали, что дела в Северной Корее обстоят крайне неблагополучно. Это предсказуемо снижало интерес к КНДР в сахалинской диаспоре.

Постепенно отношения между выходцами с Севера и выходцами с Юга выровнялись, и в итоге те «северокорейцы», что остались на острове, слились с местным корейским населением. Обуславливается это и относительно небольшой численностью данной группы – как сказано ранее, на Сахалине к 1962 г. «северокорейцев» (осталось вместе с членами семей) меньше 4 тысяч.[22]

В Северную Корею хотел, но не пускали. Без гражданства – не брали. И люди, которые северокорейское гражданство получили, они в шестидесятом году организовали какое-то учебный пункт, через это они хотели организовать – корейцы туда-сюда чтобы ездили. При советской власти я, кроме Москвы, Кавказ, и Советский Союз – не мог попасть заграницу. Такое представление не давали⋯ Да, возможно было ехать, если гражданство получить, но я не мог, у меня не было. А многие – те которые желали – многие уехали. Да же в пятьдесят восьмом году – как получил – многие уехали, учет по-моему никто не ведет. И даже – вот сейчас говорят – шестьдесят третий, шестьдесят четвертый учебных годах, в Северную Корею приехали специальная делегация набрать учащихся – те которые закончили советскую десятилетку, те которые не могли из-за гражданства (без гражданства) не могли уехать на материк поступать. Поэтому их собрали в Северную Корею, устроили в институт. Но это тоже вопрос – некоторые хотели обратно – не пускают. Это есть такое – и сейчас такое есть[23]

22) ГИАСО. Ф. 53. Оп. 1. Д. 109. Л. 5.
23) НА СОКМ. Оп. 1. Д. 833. Интервью 9.

После 1945 г. администрация Сахалина и Курильских островов столкнулась с необходимостью взаимодействовать с большим количеством корейского населения, которое практически не знало русского языка, а также не имело никакой информации о социалистическом строе и основах жизни в Советском Союзе. В этих условиях была задействована помощь с материка. С начала 1860-х гг. и до начала 1920-х гг. в Приморский край России шло переселение большого количества корейцев из северных районов Кореи. В 1937 г. советские власти депортировали всех этнических корейцев советского Дальнего Востока в Среднюю Азию – в основном в Узбекистан и Казахстан. Там они подвергались значительной дискриминации – в частности, ограничивался выезд этнических корейцев за пределы советской Средней Азии.

В условиях наступившей после Второй мировой войны некоторой либерализации, советских корейцев из Средней Азии стали привлекать для работы на Сахалине. Они приезжали для того, чтобы работать переводчиками, учителями корейских школ, советниками при администрации тех крупных промышленных предприятий, на которых работало большое количество корейцев. Именно эти учителя, переводчики, сотрудники милиции и госбезопасности, партийные работники и составили еще одну группу этнических корейцев, пополнивших сахалинскую корейскую общину. Они также должны были вести на Сахалине политическую работу – задача, проведение которой неизбежно вело к возникновению конфликтов между «воспитателями» и «воспитуемыми» (тем более, что значительная часть корейцев Сахалина стремилась к возвращению в родные места и – справедливо или нет – воспринимала власти как силу, которая этому возвращению препятствовала).

У многих сахалинских корейцев первого поколения воспоминания о корейцах с материка также были весьма негативными. «Материковских» воспринимали как привилегированных пришельцев, и это не делало их популярными.

> «Вон у любого спроси… Так они нас зажимали – эти материковские корейцы. Мы же по-русски не понимали ничего, вот они нас и зажимали, а сами жили. Мы, например, черный хлеб ели, а они белый. После войны они нам карточки не выдавали, говорили, чтобы приходили и в очереди стояли. Там полдня стоишь, а они без очереди проходят и у них карточки… вот так они над нами издевались»[24]

> «Мы после войны поехали жить в Стародубское – там колхоз был. Материковские корейцы там были все руководители. Они нас замучили, терпеть их не мог я, этих кынтабеди. Они относились к нам, корейцам, как

---

24) НА СОКМ. Оп. 1. Д. 833. Интервью 24.

к собакам. Например, там поле было – я капусту там убирал⋯ там листья остаются – они даже не разрешали нам листья забирать. Ничего не давали нам. Потом мой отец – он соревновался с материковскими, корову выиграл. Мы ее вырастили, а потом отец захотел уехать в Южно-Сахалинск. Так они у нас все отобрали – и корову тоже отобрали – и тогда только в Южный мы смогли уехать. Сейчас я бы их всех съел⋯»[25]

«Они приезжали, чтоб нас корейскому языку учить – сами неграмотные были из Ташкента или еще откуда. Мы сейчас понимаем, они учить не могли. Да и по-корейски говорили плохо, а их еще и начальниками ставили – какой он там начальник, у него образования нет никого, а нами командовали. Потому что они коммунистами все были. Их вообще все ненавидели. С русскими отношения были нормальные, а с этими⋯»[26]

Обращает на себя внимание тот факт, что почти все респонденты четко отгораживают свою группу (обычно определяемую как «мы, корейцы») от группы «материковских». Отделение это, как представляется, было даже сильнее, чем отделение от «северокорейских рабочих».

«Ну как тебе сказать, отношения плохие⋯ Они же многие были учителями корейских школ – а у нас, у корейцев, принято учителей уважать. Поэтому мы к ним вроде бы так⋯ Но вообще, мы их корейцами

25) НА СОКМ. Оп. 1. Д. 833. Интервью 24.
26) НА СОКМ. Оп. 1. Д. 833. Интервью 6.

настоящими не считали, да и старики – говорили, чтобы с ними не водились, и жениться тоже чтоб не смели, как на русских. Ну, на русских-то, понятно, почему не хотели жениться, в Корею думали уехать, а вот этих материковских просто не любили···»[27]

Почти все информанты в ответ на вопрос о взаимоотношениях с группой «материковских корейцев» описывали эти отношения как негативные. Привилегированное положение последних и высокомерное отношение их к «местным жителям» – основные причины, по которым эти взаимоотношения были непростыми. Не следует забывать и о том, что в глазах местных корейцев «материковские» были представителями власти, отношение к которой было не всегда позитивным. Накал отчуждения, существовавший между данными группами, несмотря на давность лет, до сих пор явственно ощущается в воспоминаниях информантов.

---

27) НА СОКМ. Оп. 1. Д. 833. Интервью 7.

5. Корейская культура в советский и постсоветский период

Важным вопросом, имеющим значение для сахалинской корейской диаспоры, был и остается вопрос о сохранении корейской культуры, которая в свою очередь базируется на таком важном фундаменте как корейский язык. В настоящее время корейский язык практически потерян в диаспоре – русским языком как родным признали в 2010 г. более 98 % представителей корейской общины. На Сахалине бытует мнение, что потеря корейского языка была следствием закрытия в 1963 году корейских национальных школ, что в свою очередь было репрессивной мерой советского правительства по ограничению корейской культуры.

Однако ситуация была не такой простой и однозначной, как может показаться на первый взгляд. Согласно воспоминаниям информантов, это была не только инициатива местных властей, но высказанное вслух желание самих корейцев. Например, один из информантов, работавший в то время учителем корейской школы, следующим образом описывал отношение к смене языка преподавания:

> Вот смотрите у нас в пятьдесят шестом году только радио начало. В сорок девятом – уже японцы почти

уехали – начали издавать газету. И школа
существовала – даже в шестьдесят четвертом году
хотели закрывать школу – ну··· школу корейскую
убрали – я сто процентов за··· вы не знаете почему? И
сейчас тоже некоторые корейские школы отдельно
создают. Не надо этого!

До шестидесятых годов среди корейцев – корейскую
школу которые кончили, семилетку или десятилетку –
ну в шестидесятом году еще мало кончило, еще только
начинали – 1··· 2··· ну край 5% могли в институт
поступать. Потому что русский язык совсем не знали!
И сейчас тоже – он корейскую школу кончит – он не
может поступать. Сами учителя не подготовлены. Вот
я сам работал учителем – семь классов кончил, это
хорошо я в японской школе учился – знания были.
Поэтому я мог и училище кончить, педучилище – я не
заочник. Остальные все заочники. Сами учителя не
подготовлены – хорошие знания никогда не дадут.
Понимаете? Учителя – японской школы шесть классов
кончили, или четыре – просто немного знал
иероглифы. Они работали. Они гуманитарные науки –
ничего не знали. Ни историю, ни физику, ни
математику. Просто язык учат и все. После
шестидесятого года, после закрытия корейской школы
– все перешли в русскую. И начали уже с семидесятого
года – в институт поступать. А сейчас уже смотрите
сколько! А если корейская школа была, сколько было
бы? Вот у меня братишка – я сам учил его. Он
поступил в шестьдесят восьмом году. Он пять классов
в корейской школе учился, я давал ему все. Потом в
шестьдесят четвертом году закрыли – перешел в
русскую школу. Он правда не прерывал – некоторые
прерывали, если корейскую школу восемь кончил – он

в шестой класс идет только. Два года уже потерял. И то толком не может. Хорошо что он поступил – мой брат. Он сочинение очень слабо пишет, я тоже сочинение плохо писал. Я десять классов кончил, училище кончил, русским языком очень слабо владел. Потому что я постоянно не учился. Поэтому ему дали – в то время при советской власти такое было – если национальную школу закончил – ни сочинение пишет, а изложение. Или диктант писал. Многие мои друзья вот поступали в институт в те года – до семидесятых годов, до семьдесят пятого года. Потом уже как – я не знаю, из школы ушел. Поэтому наши дети могли учится – мои дети тоже институт закончили. Один работал на шахте – восемь детей институт закончили! Это что говорит? Система хорошая образовательная! Ну конечно студенты института очень слабые выходили, но зато могли самостоятельно работать. Если корейские школы продолжались бы – такого не было бы. Потом – после окончания – у меня есть, я рекомендовал, она учится на корейском факультете – дальнейшей перспективы нет большой! Какая перспектива? Это единица найдет работу – это в консульстве, туризм. Это единицы – это ерунда. Поэтому надо чтобы не забыли свои корни – поэтому надо давать чуть-чуть. Потому сами – если у него голова работает, тогда он пойдет. Я думаю так, не знаю как вы думаете? Нету перспективы – не только, смотрите, в Японии – там шестьсот тысяч живут корейцев. Корейская школа существует? Нет! Притом в то время в национальной школе – сейчас некоторые говорят, что в Советском Союзе уничтожили национальные школы. Это на Сахалине так случилось. В шестидесятом году происходили преобразования не только корейской школы, общие были преобразования. Семилетка перешла в восьмилетку, десятилетка – в одинадцатилетку и прочее. В это время наша школа как раз состоялась. Корейскую школу содержать – в два-три раза расходы бюджета больше. Ни учебников, ни учителей, ни зданий. И притом – бюджет большие деньги надо содержать, притом некомпактно проживали – как сейчас в Южно-Сахалинске много, тогда там сорок семей, там пятьдесят семей – маленькие школы везде. Школы все двухкомплекные или трехкомплекные – корейские школы были все. Ну там тридцать или сорок человек, потом после окончания – четыре класса тогда было начальной школы. После этого в семилетку надо идти, семилетку там надо строить общежитие, а кто захочет несколько десятков километров идти. И родители сами – я уже рассказывал, в институт не могли поступать – родители сами приходят и заявление пишут, я не могу им отказать – разрешаю, переводят. И учащиеся ежегодно после шестидесятого года – меньше-меньше-меньше. Поэтому вопрос поставили – ликвидировать и переходить. И здесь каждому району представители облано пришли – родительское собрание, как быть? Ну большинство поддержали ликвидировать. Ну некоторые были – четыре класса оставить, но это что? Ну большинство – и так корейские школы закрыли. Если оставить четыре класса – просто такой кружок, как сейчас – вот такое можно делать. А отдельную готовить…[28]

---

28) НА СОКМ. Оп. 1. Д. 833. Интервью 9.

У нас же молодые ребята – те, кто корейские школы заканчивали, не могли хорошую работу найти, в институт поступить. Многие потом в Северную Корею поэтому уехали…[29]

Период Перестройки в СССР и затем развал Советского Союза открыли широкое поле деятельности для сохранности корейской культуры, и оно началось. Проводником для возрождения изучения корейского языка, сохранности обычаев и традиций, были сахалинские корейцы первого поколения.

Репатриация нанесла по этой деятельности существенный удар – уехали старики, основные носители корейского языка, обычаев, традиций. Помощь Южной Кореи в этом вопросе значительна (открытие Центра Просвещения Республики Корея на Сахалине, концерты известных певцов и традиционной музыки, другие мероприятия), однако корейская культура постепенно уступает реалиям времени – практически не осталось носителей корейского языка, молодежь зачастую не интересуется исторической родиной и не знает историю диаспоры, а корейская интеллигенция – художники, поэты, писатели, хоть и работают на Сахалине, однако их количество очень невелико.

---

29) НА СОКМ. Оп. 1. Д. 833. Интервью 4.

Ил. 43. Сахалинский корейский поэт Ким Цын Сон (1918-1973)

Ил. 44. Ким Анатолий Андреевич (род. 1939), член Союза писателей СССР, известный советский писатель

Ил. 45. Свадебная церемония Ким Юн Дека. П. Синегорск. конец
1940-х гг. / из фотофонда Синегорского музея истории

Ил. 46. Празднование шестидесятилетия (хвангап) Ким Юн Дека. п. Синегорск. 1983 г. / из фотофонда Синегорского музея истории

Ил. 47. Празднование шестидесятилетия (хвангап). Г. Южно-Сахалинск. 1983 г.

Ил. 48. Корейский праздник на стадионе "Космос". Соревнование по бегу. 1989 г.

Ил. 49. Сахалинские корейцы на досуге. 1991 г.

Ил. 50. Празднование первого дня рождения (толь). г. Южно-Сахалинск. 2012 г.

Процесс создания национально-культурной автономии был приостановлен в середине 1960-х гг., когда закрылись театр и школы, что отрицательно отразилось на развитии корейской национальной культуры и привело в итоге к потере представителями диаспоры знания родного языка. Но, невзирая на утраты, корейцы всегда бережно хранили воспоминания о родине, соблюдали семейные обряды, помнили о своем бон (корне).

Образование корейских фамилий тесно связано с историей и географией, а бон – это название местности, откуда ведут свое происхождение предки данного человека, своеобразное топонимическое имя, которое не вносится в официальные документы. Число корейских фамилий – не более 250, но каждая фамилия имеет определенное число бонов.

Сохранение национальных традиций имело важное значение для формирования этнического самосознания сахалинских корейцев. Так, по древнему обычаю в жизни каждого человека должно быть «четыре стола»: толь – первый день рождения ребенка, джянчи – свадьба, хвангап – празднование 60-летнего юбилея и чеса – поминовение предков. Эти моменты запечатлели экспонируемые в проекте фотографии.

Перестройка открыла новую страницу в истории сахалинских корейцев. Событием стал первый телемост Южно-Сахалинск – Сеул, первые визиты на историческую родину и последующая репатриация первого поколения, установление официальных дипломатических отношений между Республикой Кореей и СССР, реабилитация российских корейцев. В 1988 г. в Южно-Сахалинске состоялись гастроли северокорейских артистов, а через год в Сахалинском областном художественном музее (СОХМ) прошла выставка традиционного изобразительного искусства КНДР. Значительная роль в деле национального возрождения корейского языка и культуры принадлежит сахалинским общественным организациям. Создание восточного отделения для изучения корейского языка на базе исторического факультета Сахалинского государственного университета, открытие корейского отделения при детской школе искусств «Этнос», преподавание корейского языка в ряде школ, наличие постоянной экспозиции «Современное искусство Кореи» в собрании СОХМ, издание газеты «Сэ корё синмун», образование группа вещания на корейском языке «Уримал бансон» ГТРК «Сахалин», деятельность корейского культурного центра – все это реалии сегодняшнего дня. Однако история сахалинских корейцев – это не только цепь событий и фактов, но, прежде всего, люди – не просто очевидцы – творцы этих событий. Корейцы активно участвуют во всех сферах общественной и государственной жизни области. Среди них есть мэр района и депутаты областной Думы, заместитель министра в правительстве Сахалинской области, художники и писатели, ученые и музыканты, инженеры и врачи, предприниматели и спортсмены... Лучшие представители корейской диаспоры, прославившие родной край, имеют высшие правительственные награды и звания: Героя Социалистического Труда, заслуженного работника культуры, образования, различных областей экономики. Почетного гражданина района, города и другие.

Ил. 51. Дю Мен Су (род. 1948), график, живописец

Ил. 52. Ян Сергей Дюнхоевич (род. 1949), писатель, поэт

Ил. 53. Хе Роман (род. 1949), поэт, бард, переводчик, писатель

Ил. 54. Дё Сон Ен (род. 1960), живописец, член Союза художников России

Ил. 55. Ли Е Сик (род. 1949), фотограф, журналист газеты "Сэ корё синмун"

Ил. 56. Ким Чун Дя (Светлана Михайловна) (род. 1951), журналист, основатель телевещания на корейском языке "Уримал бансон" ГТРК "Сахалин"

Ил. 57. Бя Виктория Идюновна (род. 1965), журналист, главный редактор корейской газеты "Сэ корё синмун"

Ил. 58. Корейский праздник на стадионе "Космос". Выступление коллектива "Этнос" г. Южно-Сахалинск. 2010 г.

Ил. 59. Корейский праздник на стадионе "Космос". Соревнование по борьбе. г. Южно-Сахалинск. 2010 г.

Ил. 60. Корейский праздник на стадионе "Космос". Соревнования по бегу. г. Южно-Сахалинск. 2010 г.

6. Отношения с русским населением

Отношения с русским населением были разнообразным – кто-то говорит, что жили мирно и довольно дружески, кто-то обижен на имевшее место в советский период дискриминацию и притеснения. Однако более всего популярен взгляд на межнациональные отношения в советский период как на отношения дружбы и совместного сотрудничества.

Воспоминания родителей моих бывших учеников простираются в другую эпоху. Они вспоминают, как покидали Корею и ехали неведомо куда, на Южный Сахалин, именовавшийся тогда Карафуто, как трудно все тут складывалось, сколько тяжкой работы переработали их руки, как безрадостно прошла их молодость. Переломным стал август сорок пятого. Ким Лян Ок тогда едва минуло семнадцать. Она страшилась злых японцев. С тревогой прислушивалась к шепоту взрослых. Староста, объявляя приказ властей об эвакуации, пугал: русские идут убивать, грабить, насиловать, бросать детей в огонь, заживо пить кровь. Теперь она со смехом рассказывает, как они бродили по лесу несколько дней, какого страху натерпелись, вслушиваясь в недалекий гул боя, как дрожали две жуткие ночи, видя яркие вспышки ракет, зарево пожаров, светящиеся трассы пулеметных очередей, пронзающих ночную тьму.

Наконец выстрелы поутихли. Голод и усталость заставили их идти к жилью. Они вышли к дороге, на которой стояло несколько автомашин. Первым они увидели русского солдата, сидевшего у автомобильного колеса. Видимо, дрема сломила его: пилотка съехала набок, рот приоткрылся. Но автомат, висевший на груди, он держал обеими руками.

Из зарослей они боялись высунуться. Смотрели, перешептывались, но солдат не просыпался. Стали думать: может, попытаться прошмыгнуть мимо или подойти к нему всем в открытую? А если спросонья пальнет? Значит, надо все-таки его разбудить.

Послали к солдату девочку. Та, переведя дух, осторожно тронула его прутиком. Солдат проснулся, встал, закинул автомат за спину, оглянулся вокруг, не зная, видимо, что делать с девочкой. Тогда все вышли из зарослей с поднятыми руками. Солдат что-то громко сказал, наверное, чтобы опустили руки. А они немедля попадали на колени. Солдат рассердился еще больше. Они решили: конец! Но выстрелов не последовало, и Лян Ок подняла голову. Солдат из вещмешка достал белый кусок величиною с кулак, вытащил из-за голенища ложку, дунул на нее и ударил по куску. Кусок раскололся на дольки, которые солдат протянул: берите! Никто не посмел даже притронуться⋯ Наконец подошел кореец в форме офицера, поздоровался с ними, сказал, что бой закончился, японцы бежали и они теперь никого не должны бояться, никто им зла не причинит. Пошли они домой, оглядываясь, а навстречу новый строй солдат! Они снова руки подняли и твердят одно слово: Корея! Корея! Встречные улыбаются, машут руками⋯ [20]

Притом при советской власти до тысяча девятьсот пятидесятого года – ну до сорок девятого – на Сахалине двоевластие одинаково было – вся документация велась на двух языках – на японском и русском – корейцы ни того, ни другого не знали. Это одно. Второе – японский язык хоть что-то могли говорить корейцы, а русский язык – ни один не знал, тебя убьют, ты не сможешь ничего сказать. Поэтому корейцам до пятидесятого года очень трудно было. Притом русским платили – тем русским которые сюда приехали, мобилизовали – каждые шесть месяцев 10% надбавка, нам этого не давали, я с пятидесятого года начал работать. Плюс после – сейчас молчат, молодежь ничего не знает – кто построил, чьими деньгами Южно-Сахалинск построили? Вложили с сорок шестого года до пятьдесят восьмого года каждый год выпускали государственный займ, установленный после войны.

Русским дают 10%, а нам ничего не давали. Плюс особенно когда отпускные получали – у них наверное раз в пять-шесть больше было. А мы мизерные получали. Потому что среднюю зарплату получали – годовую среднюю делят, у них большие деньги, а у нас··· так обидно. Вот такая жизнь. Поэтому некоторые корейцы старшего поколения – я себя считаю не старшим поколением, а старшее поколение – наверное мой дед был. Второе поколение – и то такие обиды были. Поэтому я уже в пятьдесят восьмом году советское подданство получил – уехал в Москву. После этого я с министром разговаривал на эту тему – в то время я еще в школе работал корейской. Я в корейской школе до шестьдесят пятого года работал. Пятнадцать лет. В шахте тридцать один года работал – корейских школ не было, ну можно было, но зарплата у учителя маленькая была. Можно было оставаться, я не хотел. И переквалифицировался. Заочно учился. И корейцы конечно в это время – до шестидесятого года – жизнь корейцев очень низкая была. Хорошо что в советское время разрешили базар. Дома выращивать овощи – на базаре могли свободно продавать. От этого начали – с шестидесятого года – начали более-менее жить. Экономически чувствовать хорошо, ну немного лучше. Потом – что хорошо – где-то с пятьдесят третьего года начали выборочно принимать в граждане Советского Союза. Если без гражданства – до пятьдесят третьего года так не чувствовал – особенно после шестидесятые, семидесятые годы – очень трудно. Потому что не разрешенные были переезды и прочие, прочие. Поэтому старики обижаются – потому что действительно так было. Потому что это государственная оборона – с японцами такие отношения – такой порядок. Поэтому корейцы – допустим на материк надо ехать, паспорта смотрят, если у него советское гражданство, дают свободно билет покупать. Так некоторые ездили – давали другим покупать. Правда среди них были спекулянты⋯ Вот недаром пишут – корейцы с сорок шестого по пятидесятый год не работали постоянно. Это потому, что они думали постоянно – ну через месяц, через год в Корею попаду. Поэтому они постоянно не работали – все временно, где деньги больше зарабатывают, там работают. Поэтому русские их не любили – корейцев не любили. Ну кто хочет – туда-сюда, сегодня здесь, завтра там. Поэтому сначала строго к корейцам.

Сначала смотри – в пятьдесят втором году Япония уже заключила поэтому еще японцы были – поэтому я русских мало знал. Некоторые, конечно, дружили, притом сразу в пятидесятом году в корейской школе работал. Русским языком не очень владел – не нужно. Я думал: в этом году, в следующем году в Корею попаду, я какую-нибудь работу найду, институт··· Но русские ко мне, конечно, относились хорошо, особенно девчата – те которые институт уже закончили, в школе работали – в одном здании, корейская и русская школа – девчата двадцать три – двадцать четыре года. Хорошие девчата очень – они советовали – поэтому они мне советовали, я в Москву съездил из-за этого. Надбавку получать – ничего не получил, закон такой···[30]

Многие хотели – ну мой отец тоже никогда не думал, что здесь умрет, я тоже – ну когда-нибудь уедем, уедем, уедем. Поэтому я тоже только в пятьдесят восьмом году только советское подданство взял. А если знал бы – еще раньше можно было получить, еще что-то можно было сделать. Если без гражданства – на материк нельзя ехать, вот поэтому корейцы – большинство – поэтому они постоянно не работали. Думали в Корею уехать. В то время предприятие – руководили до сорок девятого года японцы и русские. А японцы про корейцев хорошо не говорили русским. А русские понимали, что корейцы плохие. Среди корейцев, конечно, были такие – карты играли··· я это не отрицаю, были такие. Но не надо докладывать такое, про корейцев плохо[31]

---

30) НА СОКМ. Оп. 1. Д. 833. Интервью 9.
31) НА СОКМ. Оп. 1. Д. 833. Интервью 9.

7. Движение за репатриацию
сахалинских корейцев

Вернуться в Корею – это все ежедневно было. Каждый человек собирается⋯ некоторые после войны – тоже радио имели, Японию слушали, только Японию слушали, русский, другой язык не знали. Другой передачи нету, они только Японию слушали. И Япония передавала: в Южной Корее что происходит, что американские войска выходят с севера, что русские выходят, что в Корее выборы идут⋯ ну такое все. Люди знали все – один человек знает уже – вот так переходил, переходило устно. И каждый раз – как соберутся – разговор, как вернуться, когда вернуться – и до сих пор не могут⋯ И они неграмотные люди – поэтому требования, само требование не правильно проходит. Если требования нормальные, нормально требуют, Советский Союз такого не делает, они люди – коммунисты тоже. Люди одинаковые! Они лучше знают, чем японцы. Советский Союз до сих пор – во время войны пропавших не могут найти. Надо было уметь требовать, ни забастовкой⋯ Вот это – в Корсакове в семьдесят пятом, семьдесят четвертом году несколько семей удалили в Северную Корею, они, видишь, Советский Союз в то время не давал возможности уехать в Южную Корею, потому что дипломатических отношений нет, никак не может. Это любое государство одинаково. Поэтому – они не выходят на работу, и против этого идет⋯ А сейчас попробуй в Южно-Сахалинске стоять против власти –

они что? Хорошо скажут? Не хочет – иди домой··· хочет – мы отвезем··· Вот так. В этом отношении конечно, метод – требования правильные, а метод··· Ну часть без этого же уехали в Японию··· Те, которые с Японией связывались и мирно уезжали. А эти забастовку хотят – в то время забастовку нельзя было. Поэтому разговор разговором, еще – вы такого наверное не знаете – Корейскую Коммунистическую партию хотели создать. Они уже с пятидесятого года начали работу, они ее называли – Коммунистическая партия корейцев Сахалина. Такую партию хотели создавать. Потом их при Сталине по десять лет – это где-то в пятьдесят втором году – посадили. Один глава – уехали в Корею. Этого человека я знаю – Шин Чо У[32] – он первый поступал в учительский институт Сахалина. Сначала учитель двухгодичный было, педагогический еще не было, педагогический где-то в пятьдесят четвертом – пятьдесят пятом годах было. Двухгодичный учительский институт было – где вы учитесь, вот здесь на Ленина – есть такое? Он – Шин Чо У – именно партию хотел создать, что-то делать – не для этой цели, а именно общественную организацию организовать, чтобы советская власть могла репатриацию сделать с Сахалина. А власти в то время – советское время – не так поняли, что-то партию создавать. Поэтому их десять человек посадили по десять лет. Они с Сахалина были··· только после смерти в пятьдесят шестом – пятьдесят пятом освободили. Вот недавно умер этот Шин, он

---

32) Респондент имеет в виду Син Чон У.

японский язык хорошо знал. (пишет «Шин Кен У»)
однофамильцы··· они. С ним я разговаривал - после
этого я с этим человеком разговаривал··· Этот в Корею
поехал - я не знаю. Вот с этим разговаривал. Его
недавно реабилитировали. Пять лет сидел. Эту тему
тоже надо выяснить.[33]

Ил. 61. Мемориал на Горе Грусти в г. Корсакове, посвященный сахалинским корейцам в 1945--1949 гг. ожидавшим в порту пароходы, которые должны были отвезти их в Корею

Ил. 62. Со Дин Гир (Владимир Петрович) (род. 1945), общественный деятель, председатель Общественной организации семей дважды принудительно мобилизованных корейских шахтеров

33) НА СОКМ. Оп. 1. Д. 833. Интервью 9.

진경호 1923년생
처 김춘남 1926년생
딸 진상옥 1942년생
사위 신용국 1940년생

СССР
Южно-Сахалинск

그러면 안녕히 계십시오

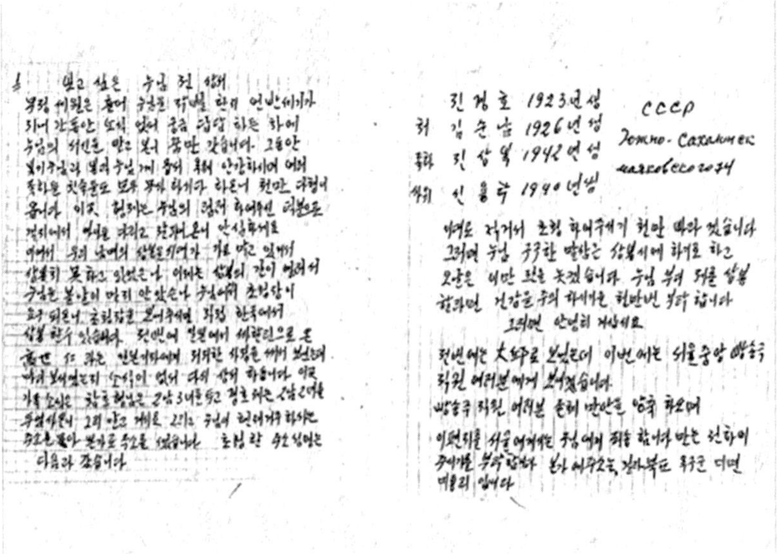

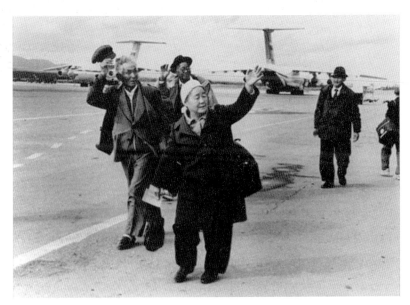

Ил. 63. Письмо сахалинского корейца на родину. 1986 г.

Ил. 64. Чартерный рейс из Южно-Сахалинска в Сеул. 1990 г.

Ил. 65. Южнокорейский Боинг компании Korean Air в аэропорту Южно-Сахалинска. 1990 г.[34]

Ил. 66. Первый рейс в Южную Корею. 1990 г.[35]

---

34) Сайт Аэропорта г. Южно-Сахалинска.
35) Сайт Аэропорта г. Южно-Сахалинска.

Ил. 67. Встреча в аэропорту. 1990 г.[36]

Ил. 68. Представитель Общества разделенных семей из Южной Кореи на Сахалине. 1990 г.[37]

---

36) Сайт Аэропорта г. Южно-Сахалинска.

37) Сайт Аэропорта г. Южно-Сахалинска.

8. Проблема гражданства сахалинских корейцев

Я гражданство менял. Советское гражданство получил, чтобы поехать в Корею, без гражданства перешел. Лично. Поэтому в партию нельзя было вступать. Вообще не поступал. Я в пятьдесят восьмом году – мне дали учителя, в партию поступать. Тем более брат, я думал, где-то живет в Японии, в Корее. Так нельзя было. Вдруг он – что творится там – потом проверка, я его не могу скрывать, я когда советский паспорт получил, тоже подробную автобиографию, там – брат где мой, до сих пор неизвестно. Почему этот вопрос возник? У нас парторг был – он татар. Он когда в партию поступал, скрывал – дедушка попом был, он его скрывал. Когда его избрали у нас на шахте, через месяц откуда-то⋯ Сняли с партии и на материк. Поэтому уже когда третья беседа – последняя беседа, я рассказывал так: совесть пока не позволяет, не могу. Поэтому я большой минус сделал для карьеры. Хотя сейчас думаю, правильно сделал. Ну, конечно, я много потерял, ⋯ много потерял, потом сказали: Тену ничего, никакие справки не давать[38]

---

38) НА СОКМ. Оп. 1. Д. 833. Интервью 9.

Ил. 69. Митинг сахалинских корейцев перед зданием японского консульства // ГИАСО. Фотофонд. Оп. 16. Ед. хр. 710.

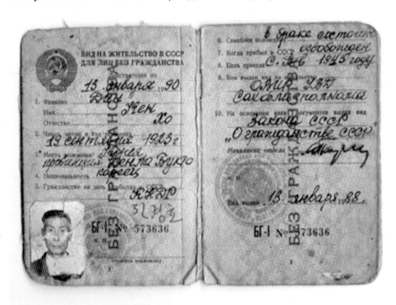

Ил. 70. Паспорт сахалинского корейца. 1988 г.

9. Жизнь на родине

На данный момент на Сахалине в среде корейской общины сложилось довольно четкое разделение по поколениям. Первое поколение – это все, в чьем паспорте в графе «дата рождения» стоит число до 15 августа 1945 г. Разброс в возрасте может быть очень велик, однако дата эта была выбрана не случайно – по мнению правительств Японии и Южной Кореи, только они и их прямые родственники (мужья и жены) имеют право уехать на постоянное место жительство в Республику Корея в рамках ныне действующей программы по репатриации сахалинских корейцев. На сегодняшний момент сложилась ситуация, когда первое поколение сахалинских корейцев (независимо от возраста) разделилась на две группы: проживающие на территории Республики Корея и принявшие решение остаться на Сахалине.

Сахалинские корейцы, которые переехали на постоянное место жительства в Республику Корея, на первый взгляд не должны испытывать проблем с идентификацией. Однако даже здесь вопрос этот далеко не однозначный. Привыкшие к одним условиям жизни, они были вынуждены уже в довольно зрелом возрасте привыкать к другому обществу, к другим законам, к другому стилю жизни. Не всегда процесс адаптации в Республике Корея у «возвращенных» сахалинских корейцев идет гладко. К тому же в силу пожилого возраста и довольно стабильной в материальном плане жизни вопрос об интеграции в южнокорейское общество не стоит слишком остро.

Вот что по этому поводу говорили опрошенные автором репатрианты:

> «Вообще я говорю – если бы построили такой дом в России, на Сахалине, то я бы не приехал сюда. Я там бы, в России, жил. Вот на Сахалине, когда я жил, там речка, сопки, а тут ничего нету··· Все равно там моя родина». «Тяжело здесь очень··· мои сыновья, они сюда не поедут жить, очень тяжело им. Да и я не хочу, чтобы они здесь были, в России им все равно лучше, а за границей такой национализм... Нам-то уже все равно, а им нет···». «Да и как они, корейцы, к нам относятся – иногда придет, посидит, посмотрит. Но так они к нам не заходят, считают нас ниже себя». «Проблема большая в языке, даже тот, который давали в школах – язык был чисто северокорейский. А здесь немного отличается – Северная и Южная Корея. Тяжело пришлось привыкать. Потому что проще говорить на русском языке, чем на корейском. Язык, тот, что в мозгу, – это старый язык. Родители на нем говорили··· поэтому здесь тоже самое, те кто постарше, они помнят, что была такая речь. А молодые нет, совсем нет. Мне вот даже тяжело понятие «родина» объяснить··· я как двойной гражданин. И Россия, и Корея».

Такие высказывания можно было услышать в основном от мужчин, которые привыкли вести активную жизнь на Сахалине, а в Корее оказались в замкнутом анклаве. Выйти оттуда многим тяжело в силу возраста и непонимания, интегрироваться в корейское общество еще тяжелее, если уже не невозможно. Будучи корейцами первого поколения, имея все признаки этнической идентичности, они все равно несут на себе отпечаток тех 60 лет, которые они прожили на Сахалине.

Конечно, такие слова вовсе не являются, основным показателем настроений сахалинские корейцев на исторической родине. Есть и те, кого жизнь в Южной Корее устраивает полностью: «Я в Корее родилась··· здесь моя родина. Нам очень тут нравиться, квартиру дали, медицинское обслуживание, очень хорошо···». Сравнение жизни на Сахалине и в Южной Корее было явно не в пользу Сахалина: «Русские нас любили, что-ли? Над нами издевались и обзывали··· И все нам говорили – Южная Корея там бедствует, нищенствует, Северная хорошо живет. И мы так думали··· А только при Горбачеве - Олимпиада когда была - все узнали, что Южная Корея так поднялась. И только тогда стали нас немного уважать, а до этого ужасно было··· И мы уже отпор, конечно, стали давать».

Тут можно констатировать, что этническая идентификация в многом зависит от конкретных жизненных обстоятельств, от характера, от индивидуальных качеств человека, от окружения. Невозможно говорить о какой-то системности в национальном вопросе даже для той группы людей, которые, казалось бы, должны иметь все признаки этнической идентификации самоидентификации, – первом поколении сахалинских корейцев, которые приняли решение вернуться на историческую родину.

Несмотря на то, что большинство сахалинских корейцев первого поколения переехали в Республику Корею, есть те, кто остался на Сахалине. По данным Региональной Общественной Организации «Сахалинские корейцы», на настоящий момент около тысячи человек корейцев первого поколения осталось проживать на Сахалине. По каким причинам они отказались от возвращения на историческую родину и какое место занимает в ряду этих причин вопрос этнической идентификации?

«Я для себя Корею считаю родиной. Почему? Я там родился, у меня детство там прошло⋯ Что я совсем здесь останусь, никогда даже в уме не думал. Когда-нибудь поеду! А жизнь совсем другая⋯ дети появляются. Учатся, работают карьеру делают⋯ что я могу им про Корею сказать? Я этот вопрос вообще больше не поднимаю: «Где родина?». Я ведь все понимаю, не могу совсем в этом вопросе им указывать. А мне тогда что? И у меня получается – где дети, там и родина».

«Там вот очень хорошо, квартиру дают, пенсию⋯ Но

не могу я поехать – у меня дочка здесь, она с мужем развелась, кто ей помогать будет? Поэтому я не могу поехать».

«Давно бы я уехал, если бы захотел. Но я не хочу. В этом возрасте менять место жительства и тем более климат я не хочу. Я был в Корее 8 – 10 раз. По работе и так··· Там я в разные времена года ездил – и зимой, и летом··· Летом я просто там умираю, очень жарко. У меня сразу начинается аллергия. Это один момент. Там дают на проживание деньги и российская пенсия сохраняется. Но все равно жить надо очень скромно. Есть ли смысл менять жизнь? Зачем и на что? У меня вот внук – каждый день ко мне приходит обедать после школы – радости сколько. А там в обмен что? Те, кто туда уехал, я знаю многих, каждый год приезжают, все деньги на дорогу тратят. Зачем это нужно?».

Абсолютно естественно и закономерно, что эти люди, в большинстве своем родившиеся в Корее и проведшие там свое детство и юность, идентифицируют себя как корейцы. К этому можно добавить, что они делают это совершенно справедливо, так как их язык, традиции, стиль поведения, мировоззрение, отношение к бытовым вопросам – все эти черты сохраняют глубокое влияние корейской культуры. В то де время они принимают как данность свое переселение и последующую жизнь на Сахалине, критически оценивают Корею и Россию как места проживания, и предпочитают делать выбор на основании практических соображений. Дети, внуки, сложившая жизнь, десятилетия, проведенные на Сахалине, – главные факторы, определяющие их решение остаться на острове.

Например, один из информаторов, рассказывала о своей матери:

«Ну, она когда поехала в Корею, наверное, ей сестры заводили такой разговор – чтобы в Корею переехать. Она, конечно, не согласилась, дети-то здесь. Ну и она же тоже как сахалинка обрусевшая, или приехала она в сорок втором году – ей двадцать пять лет было, или здесь пятьдесят лет прожила. Разница ведь есть? Ну, там хорошо, – она сестер увидела, но все равно, когда долго не видишь, уже отношения не те⋯ Да и здесь дети⋯ Ну я-то здесь родилась, семья, дети⋯ Я считаю, родина там, где ты живешь, правильно я говорю? Так что, я знаю, что я по национальности кореянка, да, но я здесь родилась».

«Для меня родина там, где я живу. Советский Союз, конечно, вернее Россия уже родной стала. Представьте, в 11 лет приехал и прожил уже 70 лет⋯ конечно, уже будешь считать Россию, а не Корею. Спокойно я отношусь к этому... Традиции мы соблюдаем, но живем мы здесь, здесь дом, дети, внуки⋯ Да и что там⋯ раз ты живешь здесь – уже тридцать-сорок лет прожил, то уже живи. Вот старики едут в Корею, чтоб там немного пожить, с одной стороны можно их понять. А с другой стороны так подумать – зачем детей бросать, ехать туда жить. Мне кажется, что так. Зачем это нужно?».

Возможно, репатриация в Южную Корею и могла стать определяющей в вопросе этнической идентификации. Но вопрос этот так неоднозначен, на него оказывает влияние столько факторов, что говорить о какой-то системности не приходится. Иногда причинами переселения или, наоборот, непереселения в Корею служат факторы, не имеющие отношения к национальному признаку. Например, один из информаторов утверждала:

> «Уезжаю туда, потому скучно здесь мне стало. Все подруги туда уехали, поговорить не с кем··· вот и решила я уехать». Другой информатор говорила примерно следующее: «Я спала ночью. Муж часов в четыре-пять около шифоньера стоит, и говорит: «Не уезжай, – по-русски хорошо говорит, – уедешь – плохо будет, – так говорит». Я сразу отказалась, больше я в Корею не хочу. Я здесь 70 лет прожила, а в Корее 20··· там отец, мама – все умерли, а здесь – сыновья, дочки, внуки, правнуки».

Разумеется, переселение в Южную Корею по программе репатриации, или решение остаться на Сахалине нельзя считать определяющей причиной в выборе этнической идентичности. Конкретные жизненные условия, в которых оказались люди, зачастую оказывают на решение о переселении куда большее влияние, чем фактор национальной принадлежности. Кроме того, сложные политические и экономические условия России переходного периода усугубляют проблему, делая более привлекательной для жизни капиталистическую Южную Корею.

Глава 3

Второе поколение сахалинских корейцев

Вторым поколением сахалинских корейцев являются люди, родившиеся после 15 августа 1945 г. в семьях корейцев первого поколения. Право на репатриацию в Корею они не получили. Они выросли в корейских семьях, зачастую в детстве имели окружение из соотечественников, на бытовом уровне владеют корейским языком, соблюдают многие корейские традиции. Но есть и принципиальные отличия между ними и представителями первого поколения – корейцы второго поколения думают на русском языке и пользуются именно русским как основным средством общения. В большинстве случаев корейцы второго поколения владеют бытовым, разговорным вариантом корейского языка. И зачастую не в состоянии понимать не только тексты на профессиональные темы, но и обычные газетные публикации. Многие из них учились в корейских школах, но при этом заканчивали русские вузы. Мировоззрение, стиль поведения – это то, что они усвоили в СССР и России, то, что позже станет для многих камнем преткновения при попытке войти в современное южнокорейское общество. Как же они идентифицируют себя и какие факторы влияют на их этническую идентификацию?

Представители второго поколения выросли в корейских семьях, очень хорошо (на бытовом уровне) знают корейский язык, несмотря на то, что для большинства русский является родным, тщательно соблюдают корейские обряды и традиции. В детстве они общались в основном с соотечественниками (на раннем этапе проживания в Советском Союзе корейцы предпочитали жить полузамкнутыми общинами). Мировоззрение, стиль поведения – это то, что они усвоили в СССР и России, при сильном влиянии корейских родителей. Для некоторых из них этническая идентификация тесно увязана с возможностью вслед за родителями уехать на постоянное жительство в Южную Корею. Однако большинство все-таки проживает на Сахалине, ощущает себя часть российского общества с сохранением элементов (довольно сильных) корейской традиционной культуры.

Постройка квартала «Кохян маыль» из восьми многоквартирных домов в г. Ансане, близ Сеула, и размещение там первого поколения сахалинских корейцев стало основой для крупного события в среде сахалинской корейской диаспоры. Корейцы второго и третьего поколений не имели прав на репатриацию, но Республика Корея вызывала у них глубокий интерес. Репатриация совпала по времени с экономическим кризисом в России, оказавшим большое влияние на все население нашей страны. Имея возможность попробовать свои силы в стране развитого капитализма, многие из сахалинских корейцев стали приезжать в Республику Корея в поисках заработков и, возможно, с неясным желанием осмотреться и начать жизнь на новом месте.

Данное событие не привлекло пристального внимания исследователей, возможно, потому, что не было зафиксировано в официальных источниках. Сахалинские корейцы приезжали в Южную Корею по туристическим визам на 90 дней, что означало не только запрет на легальную трудовую деятельность, но необходимость возвращаться в Россию каждые три месяца. Тем не менее корейцы с Сахалина имели преимущество перед другими подобными мигрантами в Южной Корее (из Средней Азии, Китая, Вьетнама, Филиппин и др.), поскольку имели возможность бесплатно проживать в квартирах, предоставленных первому поколению. Корейские власти к подобным мигрантам относились и относятся с толерантностью – экономика Южной Кореи нуждается в рабочих руках, мигранты в основном трудолюбивы и не составляют экономическую конкуренцию корейским гражданам, получают меньше, а работают больше, чем последние, а в случае возникновения проблем их можно легко выдворить из страны.

Информанты, проживающие в Ансане, говорят про подобные поездки:

> А когда только сюда переехали, молодежь как стала приезжать – жить-то можно бесплатно у родителей. Тогда почти в каждой квартире по одному, по двое детей жили – приезжали на заработки[1]
> Работу найти можно очень легко, главное – работать и не жаловаться. Получали больше, чем на Сахалине, да и жить здесь легче[2]

Однако по прошествии некоторого времени количество сахалинских корейцев второго и третьего поколений в Южной Корее стало уменьшаться. В южнокорейской экономике они могли заниматься только неквалифицированным и малооплачиваемым трудом – играли роль плохое знание корейского языка, русский менталитет и стиль поведения,

---

1) НА СОКМ. Оп. 1. Д. 833. Интервью 23.
2) НА СОКМ. Оп. 1. Д. 833. Интервью 1.

отсутствие признаваемого в Южной Корее образования, незнание основных норм и законов. В результате уделом сахалинских корейцев как мигрантов была тяжелая и «грязная» работа – на заводах, стройках, в качестве чернорабочих, носильщиков, посудомоек, уборщиц и т. п.

Те, кто побывал в Южной Корее, составили собственное мнение о возможности жить в южнокорейском обществе:

> Перспектив особых здесь нет, корейцы относятся как к людям низшего сорта, словно ты ниже их, хотя он сам из деревни недавно вылез, ничего не знает, образование никакого – а нами помыкает··· мы к такому не привыкли. К тому же работа тяжелая физически, сейчас уже на Сахалине можно такую найти – платить будут не меньше, а относиться лучше. К тому же там, в России, все свое, знакомое, а здесь все чужое[3]

Подобная ситуация возникла, например, с корейцами из Узбекистана, которые приезжают на заработки в Южную Корею – незнание корейского языка, статус низкоквалифицированной рабочей силы, разница менталитетов приводит к конфликтам в личных отношениях между корейцами Узбекистана и Республики Корея, затрудняет совместное проживание [95].

Сыграло роль и постепенное улучшение экономического

---

3) НА СОКМ. Оп. 1. Д. 833. Материалы опроса.

положения на Сахалине. Корейцы (как указывалось выше) смогли удачно вписаться в новые капиталистические реалии России, а знание русского языка, наличие признаваемого образования, личная инициатива в бизнесе, а также высокий уровень толерантности российского общества не только обусловливали высокую степень адаптации корейцев, но и устраняли барьеры в возможности делать карьеру и добиваться высокого статуса в российском обществе. Оказавшись в других условиях, многие сахалинские корейцы испытали разочарование и предпочли вернуться на Сахалин – особенно после того, как экономическая ситуация там стала улучшаться.

Представители второго и третьего поколений изменили свое отношение к исторической родине и корейцам, о которых раньше слышали только в идеализированных рассказах стариков. Столкнувшись на личном опыте с корейским обществом, многие задумались заново о своей идентичности.

> Я всегда думала, наверно, мы должны быть с ними похожи. Но когда увидела, что совсем они другие··· Я их не понимаю, они относятся к нам, как будто они лучше нас в чем-то. Тогда я подумала и решила, что я особая кореянка – сахалинская, но совсем не корейская. Значит, и жить я тоже должна на Сахалине[4]

---

4) НА СОКМ. Оп. 1. Д. 833. Материалы опроса.

Я сахалинка, такой себя и ощущаю. Поехать в Корею? Зачем? Если захочу уехать с Сахалина, может быть, даже в другую страну – в Австралию, Канаду, Америку⋯ Для меня Корея – такая же страна, абсолютно чужая. НА СОКМ. Оп. 1. Д. 833. Материалы опроса.

Я сахалинка, такой себя и ощущаю. Поехать в Корею? Зачем? Если захочу уехать с Сахалина, может быть, даже в другую страну – в Австралию, Канаду, Америку⋯ Для меня Корея – такая же страна, абсолютно чужая.[5]

Изменилось и отношение первого поколения к возможному переезду в Южную Корею их детей и внуков:

По-моему, переезда сюда не будет, невозможно. Я, например, не хочу, чтобы сыновья здесь работали⋯ мой старший сын два года проработал, но национализм здесь в Корее – они очень низко смотрят на нас. Поэтому по 12 часов работают, как дикари, обед – полчаса, в финансовых делах – меньше получают, чем местные корейцы. Сами-то корейцы на грязных работах не хотят работать, только вот из Китая, такие работают. Поэтому я сыновей своих сюда не хочу – они уже 8 лет не ездят, они там, на Сахалине, сейчас, старший сын нефтепроработчиком работает, нормально. А здесь так издеваются⋯ Сейчас многие не приезжают – вон только маленькие дети приезжают, в гости на лето. Раньше-то они думали – в Корее родители живут, значит, можно и мне, да и я

---

5) НА СОКМ. Оп. 1. Д. 833. Материалы опроса.

сам так думал для своих детей, но сейчас такие мысли закончились. Кто проработал здесь, они знают. И мы тоже все, родители, не хотим, чтобы дети здесь, в Корее, жили.[6]

Я думаю, если массово проводить репатриацию, то одно-два поколения будут полностью потеряны, им придется собой пожертвовать – работать на низкоквалифицированных работах, кому-то жить за счет государства, статус свой они поднять не смогут никак··· только следующее поколение, которое уже в Корее родится, может быть···[7]

Сахалинская корейская молодежь, побывавшая в Южной Корее, трезво оценившая корейское общество и осознавшая практическую невозможность успешно интегрироваться в него, единодушно выбрала Сахалин как место проживания. Поток посетителей Кореи из среды сахалинских корейцев, который был очень большим в начале 2000-х годов, к 2010 г. почти иссяк.

Раньше много очень приезжали, работали даже нелегально. Сейчас нет никого, только внуки приезжают на каникулы··· Остались единицы, здесь они нелегально, – сейчас вернуться не могут из-за визы. А зачем сюда ездить, если на Сахалине можно те же деньги зарабатывать? А больше здесь и нет ничего для них.[8]

---

6) НА СОКМ. Оп. 1. Д. 833. Интервью 24.
7) НА СОКМ. Оп. 1. Д. 833. Интервью 26.
8) НА СОКМ. Оп. 1. Д. 833. Интервью 24.

Незнание литературного языка, норм, правил и законов южнокорейского общества, культурных различий (которые накопились за 60 лет отсутствия контактов) привели к тому, что сахалинские корейцы перестали воспринимать себя как «настоящих корейцев», как потенциальную часть южнокорейского общества. Закономерно, что, пройдя тяжелый путь адаптации в российское общество, большая часть сахалинской корейской диаспоры не захотела менять страну проживания, столкнувшись в Южной Корее с очевидными трудностями, проблемами и неясной возможностью их разрешения.

1. Самоидентификация сахалинских корейцев

Этническую идентичность – как причисление самого себя к определенной группе людей – исследовать сложно, особенно учитывая те особые обстоятельства, которые влияли на жизнедеятельность корейской диаспоры. Нерешенная проблема репатриации, долгое ожидание возвращения на историческую родину, а от этого – чувство временности пребывания на Сахалине влияли на процесс самоидентификации (результатом которого и выступает этническая идентичность). Невозможно на данном этапе

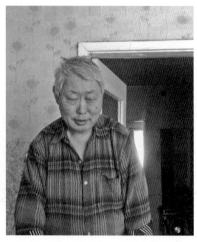

Ил. 71. Ким Хон Ди (Виктор Николаевич), (род. 1948), респондент, председатель Общественной организации старейшин сахалинских корейцев

Ил. 72. Респондент Ан Су Гвон (род. 1951). п. Углезаводск

констатировать наличие общей и однородной картины, ведь единого мнения по этому вопросу не существует.

Представители второго поколения выросли в корейских семьях, очень хорошо (на бытовом уровне) знают корейский язык, несмотря на то, что для большинства русский является родным, тщательно соблюдают корейские обряды и традиции. В детстве они общались в основном с соотечественниками (на раннем этапе проживания в Советском Союзе корейцы предпочитали жить полузамкнутыми общинами). Мировоззрение, стиль поведения – это то, что они усвоили в СССР и России, то, что позже станет для многих камнем преткновения при попытке войти в современное южнокорейское общество. Для них этническая идентификация тесно увязана с возможностью вслед за родителями уехать на постоянное жительство в Южную Корею.

Имидж Южной Кореи как необыкновенно развитой страны, страны, где все красиво, богато и где, предполагается, «жить хорошо» – один из важнейших факторов, оказывающих влияние на их этническую идентификацию. Постоянно ведущиеся разговоры о возможной репатриации второго поколения также влияют на настроения этой группы. Часть сахалинских корейцев считает своей родиной Южную Корею и мечтает о том, чтобы уехать туда жить.

> Надоела эта серость. Там вроде покрасивее и побогаче. Я кореец, может, я бы поехал туда[9]

> Да, мы очень хотим поехать. Потому что мы считаем, что Корея – это наша родина. В детстве по рассказам родителей мы все считали, что это родина⋯[10]

Большое влияние на самосознание сахалинских корейцев второго поколения имела традиция послушания детей родителям, характерная для стран конфуцианской культуры. Например, один из информаторов говорит:

---

9) НА СОКМ. Оп. 1. Д. 833. Интервью 30.
10) НА СОКМ. Оп. 1. Д. 833. Интервью 27.

Вот наш отец все стремился в Корею, как бы ни жили тогда⋯ он всегда нам говорил: «Все равно, лучше, чем здесь!». Мы-то тогда не понимали, почему лучше, почему хуже⋯ мы-то здесь родились, а он все туда стремился, там же родина его. Ну и поехали бы туда, конечно, вместе с ним, если бы возможность была[11]

Однако при несомненном присутствии таких настроений в сахалинском корейском обществе встречаются и другие мнения.

Пробиться невозможно в Корее никак для иностранцев. Можно только работать на тяжелых, черных работах, твоя специальность, институт, если окончил – никого не волнует. А если работать не можешь – тебя выгоняют и все. А если не работать – то что делать, умирать что ли?[12]

Я сначала думал, что я тоже кореец⋯ Как туда поехал, увидел, насколько мы разные, уже не думаю так⋯ Я вроде и кореец по национальности, но раз на настоящих корейцев не похож, значит, уже вроде как не кореец⋯ В Корее очень тяжело, одно говорят – мононация. Они, конечно, так не скажут. Я вот с братом двоюродным – он кореец – разговаривал – он мне сказал, что вот есть у него фирма – и даже если он захочет иностранца поставить начальником отдела – другие все возмутятся и не будут подчиняться ему. Иностранцы считаются аутсайдерами, ниже корейцев[13]

---

11) НА СОКМ. Оп. 1. Д. 833. Интервью 4.
12) НА СОКМ. Оп. 1. Д. 833. Интервью 33.
13) НА СОКМ. Оп. 1. Д. 833. Интервью 7.

А что там делать? По своей специальности работать ты не устроишься никак. Поэтому делать нечего сахалинским корейцам там. Только кто в возрасте, тем можно. Добиваться ничего не надо, доживай тихо[14]

Даже первое поколение пересмотрело свои взгляды – то к чему они так долго стремились, в конце концов добились – переезд на родину, в Корею, для их детей оказался невозможен или же нежелателен.

«Мой сын приезжал раньше работать, я думал, он здесь как-то сможет··· Но сейчас он не приезжает – а зачем, если там такие же деньги можно получать? Там и дом, и друзья, и семья··· Смысла нет. Поэтому я и сам не хочу, чтобы он сюда переехал··· ».

Можно констатировать, что если Япония и Южная Корея не возьмут на себя обязательств по репатриации сахалинских корейцев второго поколения, возвращение на историческую родину для последних будет носить эпизодический, индивидуальных характер, и вряд ли станет массовым, как для корейцев первого поколения. В таких условиях, люди, осознавшие это, будут тянуться к тому обществу, частью которого уже успели стать, а не того, интеграция в которое требует приложения дополнительных усилий.

---

14) НА СОКМ. Оп. 1. Д. 833. Интервью 18.

Вполне объективные причины – плохое знание литературного корейского языка, русский менталитет, русский стиль поведения, отсутствие котируемого образования, трудности сделать карьеру – факторы, которые сильно влияют на отношение к исторической родине. Причисление себя к южнокорейскому обществу в таких условиях сталкивается с проблемами, и на первый план выходит русская культура и российская идентичность.

> Я здесь родилась, семья, дети⋯ Я считаю, родина там, где ты живешь, правильно я говорю? Так что, я знаю, что я по национальности кореянка, да, но я здесь родилась[15]

Как мы видим, кто-то из представителей второго поколения ощущают себя корейцами, которые, как и их родители, живут вдали от родины. Кто-то – россиянами без привязки к национальности. Кто-то – просто людьми, которые родились, выросли и живут на Сахалине, соблюдают корейские и русские обычаи, разговаривают на двух языках, живут по российским законам и испытывают интерес ко всему корейскому.

---

15) НА СОКМ. Оп. 1. Д. 833. Интервью 3.

Глава 4

Третье поколение сахалинских корейцев

Третье поколение сахалинских корейцев во многом отличается от первого и второго поколений. Это – нынешняя молодежь сахалинской общины, молодые люди примерно 25–35 лет. Они не обучались в корейских школах, практически не знают корейского языка (кроме тех немногих, кто изучает его специально), не имели проблем с получением советского и российского гражданства, широко общаются с русскими и корейцами.

При опросах, проведенных автором, обращал на себя внимание тот факт, что третье поколение очень редко задумывается над вопросом о своей идентичности

Исключительно редко думаю, кто я. Когда попадаю в Корею или нахожусь в окружении корейцев из Кореи[1]

---

1) НА СОКМ. Оп. 1. Д. 833. Материалы опроса.

Очень редко. Например, когда отвечаю сейчас на вопрос[2]

О своей идентичности я задумываюсь в трех случаях: когда говорю на корейском языке, слушаю музыку, общаюсь с людьми[3]

На взгляд автора, отсутствие внутренних конфликтов в процессе самоидентификации является причиной отсутствия долгих размышлений на тему этнической принадлежности. Можно констатировать, что сахалинские корейцы третьего поколения уже определились со своей этнической идентичностью.

Практически все представители третьего поколения – вне зависимости от того, как их предки попали на Сахалин, – причисляют себя к группе «местных корейцев», подчеркивая таким образом свое отличие в первую очередь от корейцев Республики Корея (а также иногда корейцев КНДР).

Я раньше думал – кто я больше: русский или кореец? Я решил, что я – отдельная личность, отдельная нация. Я в первую очередь сахалинец, а уж потом все остальное. Но хангуком[4] себя не ощущаю.[5]

---

2) НА СОКМ. Оп. 1. Д. 833. Материалы опроса.

3) НА СОКМ. Оп. 1. Д. 833. Материалы опроса.

4) В среде сахалинской общины для представителей южнокорейского общества на бытовом уровне был найден термин – их стали называть «хангуки» – взяв самоназвание страны «Хангук» (Республика Корея) на корейском языке и изменив его по правилам русского языка.

5) НА СОКМ. Оп. 1. Д. 833. Материалы опроса.

Не чувствую себя кореянкой. Конечно, я думаю и говорю исключительно на русском языке, моя родина Сахалин. Но даже не в языке и месте жизни дело. Язык можно выучить, место поменять. Мировоззрение, менталитет останется, хоть где ты живешь. Я вижу разницу между местными корейцами и корейцами из Кореи, они совершенно другие. Они мне нравятся, но я не ощущаю связи⋯ они как японцы, или китайцы, или американцы – просто другая нация, не похожая на нас. А если я не похожа на них – значит, я не кореянка.[6]

Такое важное место в этнической идентификации, как место родины и родного дома для сахалинских корейцев третьего поколения, практически определен.

Родина – это дом. Тот дом, откуда ты вышел и куда хочешь всегда вернуться. Моя Родина – Сахалин[7]

Россия – Сахалин – Углегорск – Корейский поселок. Родина – это территория, где душе комфортно[8]

Родина – место, к которому ты принадлежишь, куда ты можешь всегда вернуться. Это Сахалин для меня[9]

Различные обстоятельства жизни воздействуют на

---

6) НА СОКМ. Оп. 1. Д. 833. Материалы опроса.
7) НА СОКМ. Оп. 1. Д. 833. Материалы опроса.
8) НА СОКМ. Оп. 1. Д. 833. Материалы опроса.
9) НА СОКМ. Оп. 1. Д. 833. Материалы опроса.

этническую идентификацию личности. Часто этническое самосознание зависит от того, насколько важна национальная культура в повседневной жизни, а также от возможности ее сохранения при успешной интеграции в инокультуру (в большинстве случаев – в культуру этнического большинства). Необходимость адаптации для повышения социального статуса и уровня жизни, получения образования привела к осознанию необходимости владения русским языком как основным и, как следствие, к принятию стиля поведения доминирующей группы для адаптации в советское и российское общество.

На протяжении первых десятилетий истории общины корейская традиционная культура поддерживалась прямыми контактами с носителями – первым поколением сахалинских корейцев. И, несмотря на то, что репатриация первого поколения в Республику Корея способствовала частичному восстановлению связей с исторической родиной, она также привела к нарушению механизма передачи этнической информации от старшего поколения к молодежи.

Закономерным итогом процесса адаптации стала и этническая идентичность. Второе поколение разделилось на две неравномерные группы – те, кто считает себя корейцами и стремится уехать в Корею, и те, для кого Россия и Сахалин стали родиной. Третье поколение в силу молодости и отсутствия сомнений не воспринимают себя как «настоящих корейцев» и не считают необходимым преодолевать трудности и проблемы, связанные с возможной репатриацией.

Третье поколение сахалинских корейцев имеет некоторые антропологические особенности, отличающие его от доминирующей группы (то есть русских), и некие остатки корейской национальной культуры, усвоенные в детстве от старшего поколения. Национальность, будучи одной из существенных характеристик духовного мира человека, формируется в конкретной социально-этнической среде. Однако старшее поколение уехало в Корею или умерло, влияние этнического компонента слабеет. Возможно, что в нынешних условиях обновления общественной жизни, в частности – в условиях повышения интереса к ближайшим соседям по Азиатско-Тихоокеанскому региону, развития отношений между Республикой Кореей и Россией, представляется вероятным, что некоторые этнические признаки сахалинских корейцев сохранятся и у следующего поколения.

Тут можно сказать, что вышеописанный процесс смены этнической идентичности вполне закономерен и случается довольно часто в диаспоральных группах. Можно привести в пример и локальную идентификацию первых русских поселенцев Сахалина – первое поколение приехало не по своей воле и стремилось уехать, второе и последующие поколения именно с Сахалином связывали свою дальнейшую жизнь и судьбу [29, 30].

Провести исследование идентификации четвертого поколения сахалинских корейцев нелегко – в основном это еще дети и подростки. Тем не менее, без этой части вряд ли изучение самоидентификации сахалинских корейцев будет полным. Поэтому для завершенного исследования были использованы сведения полученные летом 2015 г. во время исторического молодежного лагеря, проведенного Обществом старейшин сахалинских корейцев при поддержке «Фонда зарубежных корейцев». Детям-подросткам, собранных с разных районов Сахалина, рассказывали про историю и культуру Кореи, про историю сахалинских корейцев, а потом они писали свои впечатления в дневник. Эти записи и стали основной исследования идентификации сахалинских корейцев четвертого поколения.

Ил. 73. Молодежный исторический лагерь для сахалинских корейцев. 2-5 августа 2015 г.

Ил. 74. Молодежный исторический лагерь для сахалинских корейцев. 2-5 августа 2015 г.

Заключение

Различные обстоятельства жизни воздействуют на этническую идентификацию личности. Часто этническое самосознание зависит от того, насколько важна национальная культура в повседневной жизни, а также от возможности ее сохранения при успешной интеграции в инокультуру (то есть, в большинстве случаев, в культуру этнического большинства). Необходимость адаптации для повышения социального статуса и уровня жизни приводит к нарушению этнических связей, утрате традиционных культурных элементов и постепенному изменению самоидентификации.

Необходимость получения образования для повышения статуса привело к осознанию необходимости владения русским языком как основного и, как следствие, к принятию стиля поведения доминирующей группы для адаптации в советское и российское общество. На протяжении первых десятилетий истории общины корейская традиционная культура поддерживалась прямыми контактами с носителями – первым поколением сахалинских корейцев. Начавшаяся в конце 1990-х гг. репатриация первого поколения в Республику Корея, с одной стороны, привела к нарушению каналов передачи этнической информации, а с другой – способствовала частичному восстановлению связей с исторической родиной.

Вместе с тем, падение «железного занавеса», которым были сахалинские корейцы отделены от своей этнической территории, оказало существенное влияние на идентификацию сахалинской диаспоры. Незнание литературного языка, незнакомство с нормами, правилами и законами южнокорейского общества, культурные различия (которые накопились за 60 лет отсутствия контактов) привели к тому, что сахалинские корейцы перестали воспринимать себя как «настоящие корейцы», как потенциальную часть южнокорейского общества. Можно констатировать, что сахалинские корейцы соотносят себя с особой группой, для которой свойственны свои показатели этничности, – русский язык в качестве основного языка общения, своеобразие антропологического типа, смешение корейской и русской культур и стилей поведения, некоторые особенности корейской культуры при доминировании русского элемента, которое, как представляется, будет увеличиваться с течением времени.

Список интервью

Интервью 1, жен., 1936 г.р., г. Южно-Сахалинск, 02.12.2008 // НА С ОКМ. Оп. 1. Д. 833.

Интервью 2, муж., 1925 г.р., п. Углезаводск, 20.12.2008 // НА СОКМ. Оп. 1. Д. 833.

Интервью 3, жен., 1945 г.р., г. Южно-Сахалинск, 28.12.2008 // НА С ОКМ. Оп. 1. Д. 833.

Интервью 4, муж., 1951 г.р., п. Углезаводск, 01.02.2009// НА СОКМ. Оп. 1. Д. 833.

Интервью 5, жен., 1954 г.р., г. Южно-Сахалинск, 10.04.2009// НА С ОКМ. Оп. 1. Д. 833.

Интервью 6, муж., 1933 г.р., г. Южно-Сахалинск, 19.03.2009// НА С ОКМ. Оп. 1. Д. 833.

Интервью 7, муж., 1952 г.р., г. Южно-Сахалинск, 12.04.2009 // НА С ОКМ. Оп. 1. Д. 833.

Интервью 8, жен., 1919 г.р., г. Долинск, 09.05.2009 // НА СОКМ. Оп. 1. Д. 833.

Интервью 9, муж., 1930 г.р., г. Южно-Сахалинск, 03.08.2009 // НА С ОКМ. Оп. 1. Д. 833.

Интервью 10, муж., 1946 г.р., г. Южно-Сахалинск, 05.11.2009 // НА СОКМ. Оп. 1. Д. 833.

Интервью 11, муж., 1930 г.р., г. Южно-Сахалинск, 09.11.2009 // НА СОКМ. Оп. 1. Д. 833.

Интервью 12, муж., 1936 г.р., г. Южно-Сахалинск, 10.11.2009 // НА СОКМ. Оп. 1. Д. 833.

Интервью 13, муж., 1944 г.р., г. Южно-Сахалинск, 11.11.2009 // НА СОКМ. Оп. 1. Д. 833.

Интервью 14, муж., 1931 г.р., г. Южно-Сахалинск, 12.11.2009 // НА СОКМ. Оп. 1. Д. 833.

Интервью 15, жен., 1936 г.р., г. Поронайск, 28.11.2009// НА СОКМ. Оп. 1. Д. 833.

Интервью 16, жен., 1922 г.р., г. Поронайск, 28.11.2009// НА СОКМ. Оп. 1. Д. 833.

Интервью 17, жен., 1926 г.р., г. Поронайск, 28.11.2009 // НА СОКМ. Оп. 1. Д. 833.

Интервью 18, жен., 1947 г.р., г. Южно-Сахалинск, 19.12.2009// НА СОКМ. Оп. 1. Д. 833.

Интервью 19, жен., 1942 г.р., г. Южно-Сахалинск, 22.12.2009 // НА СОКМ. Оп. 1. Д. 833.

Интервью 20, жен., 1916 г.р., г. Южно-Сахалинск, 24.05.2010// НА СОКМ. Оп. 1. Д. 833.

Интервью 21, жен., 1937 г.р., г. Ансан, 10.06.2010 // НА СОКМ. Оп. 1. Д. 833.

Интервью 22, муж., 1939 г.р., г. Ансан, 10.06.2010// НА СОКМ. Оп. 1. Д. 833.

Интервью 23, муж., 1934 г.р., г. Ансан, 10.06.2010// НА СОКМ. Оп. 1. Д. 833.

Интервью 24, информатор 1, муж., 1928 г.р., г. Ансан, 10.06.2010 // НА СОКМ. Оп. 1. Д. 833.

Интервью 24, информатор 2, муж., 1938 г.р., г. Ансан, 10.06.2010 // НА СОКМ. Оп. 1. Д. 833.

Интервью 25, муж., 1938, г. Ансан, 10.06.2010 // НА СОКМ. Оп. 1. Д. 833.

Интервью 26, муж., 1943 г.р., г. Пусан, 17.06.2010 // НА СОКМ. Оп. 1. Д. 833.

Интервью 27, информатор 1, жен., 1925 г.р., г. Южно-Сахалинск, 17.07.2010 // НА СОКМ. Оп. 1. Д. 833.

Интервью 27, информатор 2, жен., 1960 г.р., г. Южно-Сахалинск,

17.07.2010 // НА СОКМ. Оп. 1. Д. 833.

Интервью 27, информатор 3, муж., 1955 г.р., г. Южно-Сахалинск, 17.07.2010 // НА СОКМ. Оп. 1. Д. 833.

Интервью 28, муж., 1938 г.р., г. Южно-Сахалинск, 01.10.2010// НА СОКМ. Оп. 1. Д. 833.

Интервью 29, жен., 1925 г.р., г. Долинск, 01.08.2010// НА СОКМ. О п. 1. Д. 833.

Интервью 30, информатор 1, жен., 1927 г.р., г. Южно-Сахалинск, 28.08.2010 // НА СОКМ. Оп. 1. Д. 833.

Интервью 30, информатор 2, муж., ___ г.р., г. Южно-Сахалинск, 28.08.2010 // НА СОКМ. Оп. 1. Д. 833.

Интервью 31, муж., 1934 г.р., г. Южно-Сахалинск, 18.09.2010 // НА СОКМ. Оп. 1. Д. 833.

Интервью 32, муж., 1930 г.р., п. Быков, 26.09.2010// НА СОКМ. Оп. 1. Д. 833.

Интервью 33, муж., 1958 г.р., г. Южно-Сахалинск, 14.11.2010 // НА СОКМ. Оп. 1. Д. 833.

Интервью 34, муж., 1930 г.р., г. Южно-Сахалинск, 22.02.2015 // НА СОКМ. Оп. 1. Д. 833.

Интервью 35, жен., 1938 г.р., г. Москва, 26.07.2015// НА СОКМ. Оп. 1. Д. 833.

Интервью 36, информатор 1, муж., г. Поронайск, 24.07.2018 // НА СОКМ. Оп. 1. Д. 833.

Интервью 36, информатор 2, жен., г. Поронайск, 24.07.2018 // НА СОКМ. Оп. 1. Д. 833.

Интервью 37, жен., г. Поронайск, 25.07.2018 // НА СОКМ. Оп. 1. Д. 833.

Интервью 38, жен., 1935 г.р., г. Томари, 26.07.2018// НА СОКМ. Оп. 1. Д. 833.

Интервью 39, муж., 1934 г.р., г. Томари, 27.07.2018// НА СОКМ. Оп. 1. Д. 833.

Интервью 40 (Ким Юн Дык, муж., 1922 г.р., п. Синегорск, 16.11.2018) // Передача «Урим-аль бансон».

Библиография

1. Подпечников В.Л. О репатриации японского населения с терр итории Южного Сахалина и Курильских островов // Вестник С ахалинского музея. 2003. № 10. С. 257–260.

2. Кузин А.Т. Проблемы послевоенной репатриации японского и корейского населения Сахалина // Россия и АТР. 2010. № 2. С. 76–83.

3. Ginsburgs G. The citizenship law of the USSR / G. Ginsburgs, Netherlands: Martinus Nijhoff Publishers, 1983. 391 c.

4. Ginsburgs G. Labor policy and foreign Workers: the case of North Korean Gastarbeiter in the Soviet Union под ред. G. Ginsburgs, G. Ajani, G.P. van den Berg, Netherlands: Martinus Nijhoff Publishers, 1989. 399–424 c.

5. Lankov A. Dawn of Modern Korea. The Transformation in Life and Cityscape / A. Lankov, Seoul: EunHaeng NaMu, 2007. 374 c.

6. Lankov A. Forgotten People: The Koreans of Sakhalin Island, 1945–1991 // Transactions of the Royal Asiatic Society – Korea Branch. 2010. № 85. С. 13–28.

7. Lee C., Vos G. De Koreans in Japan: Ethnic Conflict and Accommodation / C. Lee, G. De Vos, Berkeley, Los Angeles, London: University of California Press, 1981. 438 c.

8. Ryang S. North Koreans in Japan: language, ideology, and identity / S. Ryang, Boulder: Westview Press, 1997. 248 c.

9. Stephan J.J. Sakhalin: a History / J.J. Stephan, Oxford: Clarendon

Press, 1971. 240 с.

10. Алин Ю.Ю. Получат ли сахалинские корейцы свои вклады? // Южно-Сахалинск. 2000. С. 5.

11. Белоногов А.А. К вопросу об историографии политико-право вого положения корейской диаспоры на российском Дальне м востоке (вторая половина XIX – конец XX веков) // Вопросы гуманитарных наук. 2009. № 4. С. 51–55.

12. Бок З.К. К вопросу «о проблемах сахалинских корейцев» Юж но-Сахалинск: Дальневосточное книжное издательство, Саха линское отделение, 1989. 3–13 с.

13. Бок З.К. Сахалинские корейцы: проблемы и перспективы / З.К. Бок, Южно-Сахалинск: СЦДНИ, 1989. 110 с.

14. Бок З.К. Корейцы на Сахалине / З.К. Бок, Южно-Сахалинский государственный педагогический институ т, Сахалинский центр документации новейшей истории, 1993. 222 с.

15. Бугай Н.Ф. Российские корейцы: новый поворот истории, 90-е годы / Н.Ф. Бугай, М.: Торгово-издательский дом «Русское с лово-РС», 2000. 112 с.

16. Бугай Н.Ф. Российские корейцы и политика «солнечного теп ла» / Н.Ф. Бугай, М.: Готика, 2002. 256 с.

17. Бугай Н.Ф., Сим Х.Ё. Общественные объединения корейцев Р оссии: конститутивность, эволюция, признание / Н.Ф. Бугай, Х.Ё. Сим, М.: Новый хронограф, 2004. 370 с.

18. Булавинцева М.Г. Сахалин – Карафуто: история границы скв озь ценность образования // Япония наших дней. 2010. № 3 (5). С. 89–98.

19. Высоков М.С. Перспективы решения проблемы репатриации сахалинских корейцев в свете опыта Израиля, Германии и д ругих стран // Краеведческий бюллетень. 1999. № 2. С. 94–102.

20. Гапоненко К.Е. Не стереть из памяти // Коммунист. 1988. С. 3.

21. Гапоненко К.Е. Трагедия деревни Мидзухо / К.Е. Гапоненко, Южно-Сахалинск: Редакционно-издательское малое предпри ятие «Риф», 1992. 134 с.

22. Гринь В.Н. Разлука длиною в жизнь··· / В.Н. Гринь, Южно-Сах алинск: Лукоморье, 2010. 76 с.

23. Дин Ю.И. Корейцы Сахалина в поисках идентичности (1945-1989 гг.) // Вестник РГГУ. Серия «Востоковедение. Африканистика». 2014. № 6 (128). С. 237–249.

24. Дин Ю.И. Корейская диаспора Сахалина: проблема репатриации и интеграция в советское и российское общество / Ю.И. Дин, Южно-Сахалинск: Сахалинская областная типография, 2015. 332 с.

25. Забровская Л.В. Россия и КНДР: опыт прошлого и перспективы будущего (1990-е годы) / Л.В. Забровская, Владивосток: Издательство ДВФУ, 1998. 116 с.

26. Забровская Л.В. Власти КНДР и РК в борьбе за симпатии сахалинских корейцев (1990-е гг.) М.:, 1998. 185–188 с.

27. Забровская Л.В. Трудовая миграция из КНДР в Россию (середина 1940-х – 2003 гг.) // Проблемы Дальнего Востока. 2005. № 5. С. 62–72.

28. Иконникова Е.А., Пак С.Ы. Писатели корейской диаспоры на Сахалине // Азия и Африка сегодня. 2009. № 7. С. 74–77.

29. Ищенко М.И. Сахалинцы: к истории формирования региональной идентичности // Краеведческий бюллетень. 2000. № 4. С. 3–14.

30. Ищенко М.И. Русские старожилы Сахалина. Вторая половина XIX – начало XX вв. / М.И. Ищенко, Южно-Сахалинск: Сахалинское книжное издательство, 2007. 360 с.

31. Катасонова Е.Л. Японские военнопленные в СССР. Большая игра великих держав / Е.Л. Катасонова, М.: Институт востоковедения РАН–Крафт, 2003. 432 с.

32. Ким Г.Н. Корейцы на Сахалине // Сервер «Заграница» [Электронный ресурс]. URL: http://world.lib.ru/k/kim_o_i/str1rtf.shtml (дата обращения: 12.12.2018).

33. Ким Г.Н. Распад СССР и постсоветские корейцы // Сервер «Заграница» [Электронный ресурс]. URL: http://world.lib.ru/k/kim_o_i/aws.shtml (дата обращения: 12.12.2018).

34. Ким Г.Н. История иммиграции корейцев. Книга 1. Вторая половина XIX в. – 1945 г. / Г.Н. Ким, Алматы: Дайк-пресс, 1999. 424 с.

35. Ким Г.Н. История иммиграции корейцев. Книга 2. 1945-2000

годы. Часть 1. / Г.Н. Ким, Алматы: Дайк-пресс, 2006. 428 с.

36. Ким Г.Н. История иммиграции корейцев. Книга 2. 1945-2000 годы. Часть 2. / Г.Н. Ким, Алматы: Дайк-пресс, 2006. 396 с.

37. Ким Г.Н. Селекция и специальная командировка материковы х корейцев на освобожденный Южный Сахалин (по материа лам Архива Президента Республики Казахстан) Владивосток: Дальпресс, 2016. 423–431 с.

38. Ким Е.Х., Черпакова К.Я. Сахалинские корейцы. Каталог колл екций из собрания Сахалинского областного краеведческого музея (1945–2018 гг.) / Е.Х. Ким, К.Я. Черпакова, Воронеж: ОО О «Фаворит», 2018. 352 с.

39. Ким И.Б. Сахалинские корейцы Южно-Сахалинск:, 1988. 61 с.

40. Ким И.П. Репатриация японцев с Южного Сахалина в послев оенные годы // Вестник Балтийского федерального универси тета им. И. Канта. 2009. № 12. С. 26–30.

41. Ким И.П. Политическое, социально-экономическое и демогр афическое развитие территорий, присоединенных к Российс кой Федерации после завершения второй мировой войны (Во сточная Пруссия, Южный Сахалин, Курильские острова). 1945 – первая половина 1949 года: дис. ⋯ канд. / И.П. Ким, Ю жно-Сахалинск:, 2011. 255 с.

42. Колесников Н.И. В одном строю с рабочими и крестьянами / Н.И. Колесников, Южно-Сахалинск: Дальневосточное книжн ое издательство, Сахалинское отделение, 1974. 120 с.

43. Костанов А.И., Подлубная И.Ф. Корейские школы на Сахалин е: исторический опыт и современность / А.И. Костанов, И.Ф. Подлубная, Южно-Сахалинск: Архивный отдел администрац ии Сахалинской области, Сахалинский центр документации новейшей истории, 1994. 24 с.

44. Краев А.И., Цупенкова И.А. Долгая дорога к большой сцене. Очерки истории театра на Сахалине / А.И. Краев, И.А. Цупен кова, Южно-Сахалинск: Сахалинское областное книжное изд ательство, 2003. 212 с.

45. Кузин А.Т. Дальневосточные корейцы: жизнь и трагедия судь бы (документально-исторический очерк) / А.Т. Кузин, Южно-Сахалинск: Дальневосточное книжное издательство, Сахалин

46. Кузин А.Т. Корейская эмиграция на русский Дальний Восток и ее трагизм Владивосток:, 1994. 112–114 с.

47. Кузин А.Т. Переход корейцев в Дальневосточные пределы Ро ссийского государства (поиски исследователя) / А.Т. Кузин, Южно-Сахалинск: Институт истории, археологии и этнограф ии народов ДВ ДВО РАН, 2001. 64 с.

48. Кузин А.Т. Сахалинские корейцы Хабаровск:, 2004. 61–72 с.

49. Кузин А.Т. Сахалинское корейское население: гражданско-пр авовые аспекты // III Рыжковские чтения. 2006. № 3. С. 95–101.

50. Кузин А.Т. Сахалинские корейцы: международно-правовые а спекты Южно-Сахалинск:, 2006. 155–159 с.

51. Кузин А.Т. Выдворение // Особое мнение. 2007. № 53. С. 54–56.

52. Кузин А.Т. Исторические судьбы сахалинских корейцев : [в 3 т.]. Т. 1. Иммиграция и депортация (вторая половина XIX в. – 1937 г.) / А.Т. Кузин, Южно-Сахалинск: Сахалинское книжное издательство, 2009. 262 с.

53. Кузин А.Т. Судьбы корейцев в аспекте исторического опыта о своения Сахалина и Курильских островов // Россия и островн ой мир Тихого океана. 2009. № I. С. 269–281.

54. Кузин А.Т. Интеграция корейского населения в историко-гео графическое и социокультурное пространство Сахалинской области IV Рыжковские чтения: материалы научно-практиче ской конференции. Южно-Сахалинск, 7–8 октября 2008 г. Юж но-Сахалинск:, 2009. 77–82 с.

55. Кузин А.Т. Исторические Судьбы Сахалинских Корейцев : [В 3 т.]. Т. 2. Интеграция и ассимиляция (1945–1990 гг.) / А.Т. Куз ин, Южно-Сахалинск: Сахалинское книжное издательство, 2010. 336 с.

56. Кузин А.Т. Исторические судьбы сахалинских корейцев : [в 3 т.]. Т. 3. Этническая консолидация на рубеже XX–XXI вв. / А.Т. Кузин, Южно-Сахалинск: Лукоморье, 2010. 384 с.

57. Кузин А.Т. История сахалинских корейцев как неисследован ная актуальная научная проблема // Научные проблемы гума нитарных исследований. 2010. № 10. С. 30–37.

58. Кузин А.Т. Корейцы – бывшие японские подданные в послев оенной советской системе управления на Южном Сахалине (1945–1947 гг.) // Власть и управление на Востоке России. 2010. № 3. С. 95–101.

59. Кузин А.Т. Послевоенная вербовка северокорейских рабочих на промышленные предприятия Сахалинской области (1946–1960 гг.) // Россия и АТР. 2010. № 3. С. 148–156.

60. Кузин А.Т. Сахалинские корейцы: из истории национальной школы (1925–2000-е гг.) // Вестник Санкт-Петербургского Уни верситета. Серия 13. 2010. № 4. С. 3–8.

61. Кузин А.Т. Трансформация гражданского статуса сахалински х корейцев // Власть. 2010. № 08. С. 75–78.

62. Кузин А.Т. Корейцы на Южном Сахалине Владивосток:, 2010. 40–47 с.

63. Кузин А.Т. Просвещение сахалинского корейского населения: исторический опыт и современность // Вестник Красноярско го государственного университета им. В.П. Астафьева. 2011. № 2. С. 252–257.

64. Кузин А.Т. История корейского населения российского Сахал ина (конец XIX – начало XXI вв.) 2012.

65. Кузнецов С.И. Корейцы в Советско-японской войне 1945 г. и проблема репатриации Иркутск:, 2004.

66. Курбанов С.О. История Кореи: с древности до начала XXI в. / С.О. Курбанов, СПб.: изд-во СПб. ун-та, 2009. 680 с.

67. Ланьков А.Н. Корейцы Сахалина // Восточный портал [Элект ронный ресурс]. URL: http://lankov.oriental.ru/d113.shtml (дата обращения: 12.12.2018).

68. Ланьков А.Н. КНДР вчера и сегодня: Неформальная история Северной Кореи / А.Н. Ланьков, М.: Восток–Запад, 2005. 445 с.

69. Лашкевич А. Первая встреча // Советский Сахалин. 1989. С. 2–3.

70. Ли Б.Д. Южный Сахалин и Курильские острова в годы японс кого господства (1905–1945 гг.) 1976.

71. Лим С.-сук Обсуждение значения «возвратной миграции» сре ди сахалинских корейцев // Вестник Сахалинского музея. 2011. № 18. С. 261–264.

72. Ло Е.Д. Проблема российских корейцев / Е.Д. Ло, М.: Арго, 1995. 108 с.

73. Мартин Т. Империя положительной деятельности: Советски й Союз как высшая форма империализма М.: РОССПЭН, 2011. 88–116 с.

74. Миссонова Л.И. Этническая идентификация населения Саха лина: от переписи А.П. Чехова 1890 года до переписей XXI ве ка М.: ИЭА РАН, 2010. 88 с.

75. Миямото М. Японские исследования быта корейцев на Сахал ине в период Карафуто // Россия и островной мир Тихого оке ана. 2009. № 2. С. 261–268.

76. Молодяков В.Э., Молодякова Э.В., Маркарьян С.. История Япо нии. XX век / В.Э. Молодяков, Э.В. Молодякова, С.. Маркарьян, М.: ИВРАН; Крафт+, 2007. 528 с.

77. Пак С.Ы. Жизнь корейцев на Карафуто // Информационный портал корейцев СНГ.

78. Пак С.Ы. Репатриация сахалинских корейцев на родину: ист ория и проблемы // Сахалинское информационно-аналитиче ское агентство [Электронный ресурс]. URL: http://siaa.ru/index.php?pg=1&id=127088&owner=1&page=4&ndat=&cd=012012&hd=3 (дата обращения: 01.01.2019).

79. Пак С.Ы. Корейцы на Сахалине: до и после Чехова Южно-Сах алинск: Лукоморье, 2006. 159–179 с.

80. Пак С.Ы. А.П. Чехов и проблема ассимиляции иммигрантов (на материале произведений сахалинских корейцев) Южно-С ахалинск: Издательство СахГУ, 2006. 53–58 с.

81. Пак С.Ы. Проблема адаптации иммигрантов и её выражение в литературных текстах (на материале произведений сахали нских корейцев) // Филологический журнал. 2006. № XIV. С. 17–21.

82. Пак С.Ы. Адаптационная эволюция обрядов жизненного цик ла у сахалинских корейцев // Современные корееведческие и сследования в Дальневосточном государственном университ ете. 2006. № 4. С. 37–44.

83. Пак С.Ы. К вопросу об этимологии и структуре собственных имен сахалинских корейцев Южно-Сахалинск: Издательство

СахГУ, 2006. 107–112 с.

84. Пак С.Ы. Обряды жизненного цикла сахалинских корейцев: рождение ребенка, пэкиль, толь Южно-Сахалинск:, 2006. 41–43 с.

85. Пак С.Ы. Сахалинская корейская семья: от традиционной к современной М.: Издательство МГУ, 2006. 133–141 с.

86. Пак С.Ы. А. П. Чехов и проблемы аккультурации в сфере питания сахалинских корейцев // X Чеховские чтения. 2007. № 10. С. 55–61.

87. Пак С.Ы. Проблемы сыновней почтительности «хё» у сахалинской корейской диаспоры Южно-Сахалинск:, 2007. 63–67 с.

88. Пак С.Ы. Проблемы репатриации сахалинских корейцев на историческую родину Южно-Сахалинск: Издательство Лукоморье, 2008. 277–287 с.

89. Пак С.Ы. К вопросу о послевоенной ответственности Японии за судьбу сахалинских корейцев СПб.: Издательство Политехнического Университета, 2009. 88–90 с.

90. Пак С.Ы. Проблемы идентификации сахалинской корейской молодежи Южно-Сахалинск:, 2009. 39–41 с.

91. Пак С.Ы. Политические репрессии и депортация корейцев с Сахалина в 1930-х-70-х гг. // Известия корееведения в Центральной Азии. 2010. № 9 (17). С. 55–67.

92. Пак Х.Ч. Репортаж с Сахалина. Историческое эссе / Х.Ч. Пак, Южно-Сахалинск: Файн Дизайн, 2004. 138 с.

93. Подлубная И.Ф. Источники формирования корейского населения на Сахалине Владивосток:, 1994. 115–117 с.

94. Тавадов Г.Т. Этнология. Современный словарь-справочник / Г.Т. Тавадов, М.: Диалог культур, 2007. 704 с.

95. Тен М.Д. Особенности личных взаимоотношений корейцев Узбекистана с корейцами Республики Корея в трудовых коллективах Уссурийск:, 2011. 240–243 с.

96. Толстокулаков И.А., Пак С.Ы. Корейская диаспора на Сахалине: история формирования Владивосток:, 2009.

97. Федоров (Даугавпилс) В.П. Дон-Аминадо: Эмиграция как «парадокс и мечта» под ред. А. Данилевский, С. Доценко, Талинн: Издательство Талинского университета, 2012. 50–83 с.

98. Фукс-Хайнритц В. Биографический метод М. Институт Соци ологии РАН: Институт Социологии РАН, 1994. 11–41 с.

99. Хегай И.А. Корейцы России: история и современность Иркут ск:, 2004.

100. Цупенкова И.А. Забытый театр (Из истории Сахалинского к орейского драматического театра. 1948-1959 гг.) // Вестник С ахалинского музея. 1997. № 4. С. 207–213.

101. Чернолуцкая Е.Н. Трудовое и бытовое устройство корейцев на Сахалине в конце 1940-х – начале 1950-х годов Владивост ок:, 2004. 117–125 с.

102. Щеглов В.В. Переселение советских граждан на Южный Сах алин и Курильские острова в середине 40-х – начале 50-х гг. XX в. // Краеведческий бюллетень. 2000. № 4. С. 54–68.

103. 방일권. 한국과 러시아의 사할린 한인 연구 (연구사의 검토) // 동북아역 사논총. 2012. (38). С. 363–413.

104. 이성환. 사할린 한인 문제에 관한 서론적 고찰 // 국제학논총. 2002. № 7. С. 215–231.

105. 장석흥. 사할린지역 한인 귀환 // 한국근현대사연구. 2007. № 43. С. 210–275.

106. 정혜경. 1944년에 일본 본토로 '전환배치'된 사할린(화태)의 조선인 광부 // 한일민족문제연구. 2008. № 14. С. 5–73.

107. 한혜인. 사할린 한인 귀환을 둘러싼 배제와 포섭의 정치 - 해방 후~1970 년대 중반까지의 사할린 한인 귀환 움직임을 중심으로 // 사학연구. 2011. № 102. С. 157–198.

108. 三木理史. 戦間期樺太における朝鮮人社会の形成 // 社会経済史学. 2003. № 68-5. С. 25–45.

109. 長澤秀. 戦時下南樺太の被強制連行朝鮮人炭礦夫について // 在日朝鮮 人史研究. 1986. № 16 (10). С. 1–37.

110. 長澤秀. 戦時下強制連行極秘資料集。4冊 / 長澤秀。, 1996. 293 с.

111. The Japanese Colonial Empire под ред. R.H. Myers, M.R. Peattie, Princeton: Princeton University Press, 1984. 541 с.

112. Ассоциация сахалинских корейцев // Советский Сахалин. 1990. С. 1.

113. Сахалинская общественная организация дважды принудите льно мобилизованных корейцев Южно-Сахалинск: Идюн ди

нен, 2001. 228 с.

114. Сахалинские корейцы: история и современность. (Докумен
ты и материалы, 1880–2005) под ред. А.Т. Кузин, Южно-Саха
линск: Сахалинское областное книжное издательство, 2006.
460 с.

Список Сокращений

ГИАСО – Государственный исторический архив Сахалинской области

РГАСПИ – Российский государственный архив социально-политической истории

SCAP – Штаб главнокомандующего союзными войсками для Японии

НА СОКМ – Научный архив Сахалинского областного краеведческого музея

ГАРФ – Государственный архив Российской Федерации

ДВВО – Дальневосточный военный округ

МИД – Министерство иностранных дел

РГАНИ – Российский государственный архив новейшей истории